河合塾
SERIES

大学入試英語
「トピック力」
養成講座

発展編
国公立２次・難関私大レベル

30 Typical Topics from University Entrance Exams

Humans

Society

Nature

増見誠一・佐藤進二・
John McLaren・Mary McLaren　共編著

河合出版

はじめに ～〈トピック力〉で差をつけよう～

■〈トピック力〉って何？

ある日，あなたが電車に乗っていると，外国人の 2 人連れの話し声が漏れ聞こえてきました。どうやら英語のようで，聞き取れたのはこんな単語だけ。

"... love ... break ... fifteen ..."

「知っている言葉ばかりだけど，何の話だろう？ 失恋の話かな？」と思っていたら，次に聞こえてきた単語は――"... serve ... racket ..."。

テニスを知っている人なら，ここでピンときたことでしょう。単語の並びで，試合のシーンまで思い浮かんだかもしれません（分からない人は調べてみてください）。

スポーツ，ファッション，映画，歴史……日常生活の中で，自分の好きな分野の言葉が断片的に見えたり聞こえたりしただけで興味を引かれ，内容もすいすい頭に入ってきたという経験は誰にでもあるはず。それは，あなたがその分野の〈トピック力〉を持っているからです。**ある話題について「ピンとくる」。それが〈トピック力〉**です。

■ 単語力とは違う？

「それって，単語をたくさん知っているということでは？」――いいえ，違います。

例えば「love とはテニス用語で『0 点』のことである」と暗記していても，テニスのことを何も知らなければ，その意味を本当に理解しているとはいえません。

逆に，〈トピック力〉が単語力の不足を補ってくれることもあります。

Oda Nobunaga was assassinated by Akechi Mitsuhide in 1582.

あなたに歴史の〈トピック力〉があれば，上の文の assassinate が「殺す，暗殺する」の意味だと推測できるでしょう。さらに，どちらがどちらを殺したかという関係も，「受動態」という文法を思い浮かべるまでもなく理解できるはずです。

もちろん，英語を使いこなすには単語や文法の正しい知識が必須ですが，表現される内容についての背景知識やイメージも，英語の運用にはとても役立ちます。つまり**〈トピック力〉は，単語力・文法力と表裏一体で〈英語力〉を支えてくれる大きな柱**といえます。

「でも，トピックは数えきれないほどあるんだから，すべてを学ぶなんて無理！」――確かに，あらゆるトピックを知ろうというのは非現実的です。

しかし，運動神経のいい人は新しいスポーツでも上達が早い。旅慣れた人は知らない土地でも自信を持って歩ける。それと同様に，主要なトピックに多く触れておけば，**初めて触れるトピックの理解にも勘が働く，いわば〈応用的なトピック力〉**が養われるのです。

▍どんな役に立つ？

本書の目的は，簡単にいえば「**入試に出てくる話題を幅広く知っておこう**」ということです。では，それがどんな役に立つのでしょうか。

１．英文を読むスピードがアップ！

最近の入試英語はますます長文化しており，じっくり読んでいる余裕はなかなかありません。でも，トピックになじみがあれば，分からない単語や表現などの細部は推測で補い，要点を押さえながら長い文章をどんどん読み進むことができます。

２．内容理解の精度がアップ！

細部でつまずくことなく要点が捉えられれば，「直訳はできるけど全体の意味が分からない」といったことも減ります。また内容一致問題では，トピックの「常識」から選択肢を絞れる場合もありますから，実戦的な得点力にもつながります。

３．リスニングやライティング・スピーキングの力もアップ！

最初に挙げた例からも分かるように，言葉を耳で聞くリスニングでも〈トピック力〉は大きな助けになります。また，社会問題などについて問われることの多いライティングやスピーキングのテストでは，むしろ不可欠な基礎力です。そもそも，なじみのないトピックなんて日本語でも理解しにくいし，うまく話せないでしょう？

▍どうやって身につける？

今回の企画に当たっては，過去の大学入試長文や英作文問題を2,000題以上分析し，みなさんにぜひ触れておいてほしいトピックを「標準編」「発展編」それぞれ30ずつ取り上げました。この「**発展編**」は，**国公立大学２次試験や難関私大レベル**を想定して編集してあります。そして，それぞれのトピックに習熟できるよう，リーディング・リスニング・ライティングなど多面的なトレーニングを設定しました。

ただし，本書は普通の問題集や参考書と違って，必ずしも前から順番にやる必要はありません。興味のあるトピックから始めるのでも大丈夫。なんなら最初はパラパラと日本語だけ拾い読みしてもいいでしょう。**無理をせず，自分のペースで，主要なトピックに繰り返し触れる**ことで，〈トピック力〉は自然と身についていきます。

さらに本書を学び終えたら，次は長文問題集や志望校の過去問などにチャレンジしてください。そうすれば，本書で培った〈トピック力〉が役立つことを実感できるでしょう。**単語の丸暗記や機械的な文法トレーニングとは大きな差がつく勉強法**で，大学入試だけではなく社会に出てからも強力な武器になる**本当の英語力・思考力の基礎**を，みなさんが身につけてくださることを心から願っています。

編著者一同

本書では、「発展編」のレベルに配慮しつつ、昔も今も変わらない王道のテーマから最新の話題まで、読み応えのある30のトピックを、3つのパート／10のジャンルに分けてバランスよく取り上げました。

3つのパートは「人間」「社会」「自然」です。これらが分かちがたく相互に影響し合い

ながら成り立っているのがこの世界。そのただ中で生きている「自分」の立ち位置を常に頭の片隅で意識しつつ，本書の学習を進めてください。

　本書の構成は，受験勉強にとどまらず，あなたがこれから長い人生を生きていく際の「思考の枠組み」としても役立つはずです。

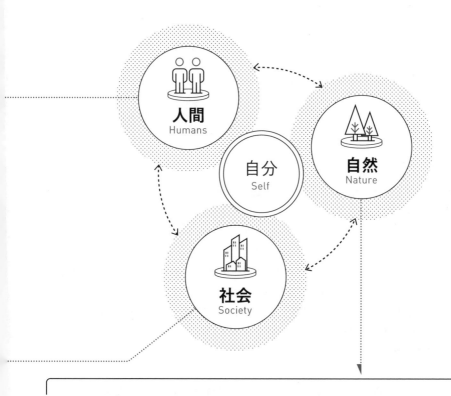

本書の使い方

本書の各トピックは 4 ページ単位で構成されています。次のような流れで，1 つのトピックを多面的に学んでいってください。

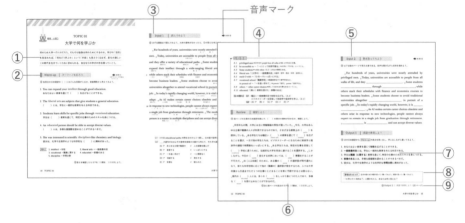

① **導入文**：トピックに関する問いかけや予備的な情報を含んでいますので，ここからが本文だと思ってしっかり読んでください。

② **Warm-up**：トピックに関わるキーワードを学んで，パッセージを読むための準備運動を行います。何度も聞き，音読して例文ごと覚えてしまえば，英作文にも役立ちます。

③ **Input 1　読んでみよう**：130 語程度のパッセージでトピックの典型的な内容を学びます。内容理解に集中できるよう，語句の下には適宜，日本語訳を添えました。また，**Warm-up** のキーワードの下は空欄 [　　] にしてあるので，意味が言えるか確認しましょう。**Q** には，内容理解を確認するための問題に加えて，やや難しい語句について前後の文脈から意味を推測する問題をつけました。分からない語句でつまずかず，どんどん読み進められるようになるための訓練です。

④ **ポイント**：重要事項や難しい部分の解説で，英文の理解を確実にしてください。

⑤ **Input 2　聞き取ってみよう**：英文を音で聞き，書き取ることで体に覚え込ませるディクテーションの練習です。内容が自然と頭に流れ込んでくるまで，繰り返し聞きましょう。

⑥ **Review　確認しよう**：パッセージの和訳です。キーワードや重要語の部分が（　　）になっているので，添えられた英語を見ながら意味を思い出す練習をしてください。前後の文脈から意味を推測・確認するトレーニングになります。

⑦ **Output 1　英語で表現しよう**：**Warm-up** の英文を，日本語から「復元」する練習です。英文が自然に出てくるようになるまで，繰り返しトライしてみてください。

⑧ **思考力チャレンジ**：トピックに関わる質問で思考力を鍛えます。あえて「正解のない問い」とした部分も多いので，思いつく答えをいくつでも考えてみてください。「思考」すること

6

によって，トピックへの理解は確実に深まります。最初は日本語で書いてみるだけでも OK。できれば英語で表現することにも挑戦してみましょう。

⑨**Output 2　英語で表現しよう**（別ページ）：**Warm-up** やパッセージで学んだ語句・表現を使って，トピックに関わる英文を完成する練習です。

※解答例はそのトピックで学んだ語句・表現を使って示し，原則として別解は示していません。

音声マーク 🔊：マークの右側のＡ01-1などが音声ファイル番号に当たります。

[PICK UP]（→24ページなど）

本文以外のトピックなどを，出題大学名つきで紹介しています。長文問題の日本語による要約・抜粋と自由英作文で，トピック力の幅を広げてください。

※日本語の要約に添えた英語のキーワードは，原出題で使われているままの形で引用してあります。
※本書の目的は「トピック力」「思考力」なので，英作文出題例の模範解答はあえて示しません。日本語でよいので自由に考えてみてください。

[キーワードレビュー]（→174ページ）

各トピックの **Warm-up** で取り上げたキーワードを例文の形でリストにしました。英語を見て意味を考えたり，日本語から英語を言ったりする練習に使ってください。

※本書掲載のパッセージはすべてネイティブのライターによる書き下ろしです。

● **音声ダウンロードの方法** ●

パソコンから下記のURLにアクセスし，該当する書名をクリックしてください。

http://www.kawai-publishing.jp/onsei/01/index.html

※ホームページより直接スマートフォンへのダウンロードはできません。パソコンにダウンロードしていただいた上で，スマートフォンへお取り込みいただきますよう，お願いいたします。

● ファイルは ZIP 形式で圧縮されていますので，解凍ソフトが必要です。
● ファイルは，MP3 形式の音声です。再生するには，Windows Media Player や iTunes などの再生ソフトが必要です。
● Ａ01-1～Ａ30-2の全 60 ファイル構成となっています。
● 掲載されている音声ファイルのデータは著作権法で保護されています。データを使用できるのは，ダウンロードした本人が私的に使用する場合に限られます。
● 本データあるいはそれを加工したものを譲渡・販売することはできません。

お客様のパソコンやネット環境により，音声を再生できない場合，当社は責任を負いかねます。ご理解とご了承をいただきますよう，お願いいたします。

Part 1

人間 を深く知る
Humans

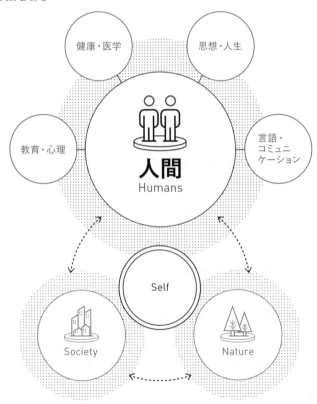

入試トピックをめぐる旅の出発点は「人間」。
ここでは，私たち1人ひとりの「心」や「体」，そして「生き方」に関わる
さまざまなトピックを取り上げた。どれも身近だけれど，それぞれに奥深いテーマばかり。
問題をわが身に引きつけ，自問自答を繰り返しながら，答えのない問いに取り組んでみよう。

○ 教育・心理

01 大学で何を学ぶか / 02 手書きの重要性 / 03「確証バイアス」とは

変化の激しい現代では，常に幅広い好奇心を持って学び続ける必要がある。し
かし，時に私たちは心理学的なわなに陥る。思い込みや好き嫌いが学びを邪魔
することがあるのだ。物事を学ぶ際，考える際に**「それは本当に正しいか？」**と
自分に問いかけてみる姿勢の大切さは，本書で伝えたい裏テーマでもある。

○ 健康・医学

04「偽薬」の効果 / 05 脳死 / 06 肥満と健康

健康とは単に「病気でないこと」ではなく，より積極的に「心身ともに健全
な状態」「よりよく生きられること」を意味する。医学とは，体と心が交錯し，
せめぎ合う領域ともいえるだろう。特に，死に関わる問題などについては，
「理系」「文系」にとらわれない総合的な思考が求められる。

○ 思想・人生

07 幸福感の効用 / 08 クリティカルシンキング / 09 意思決定の方法

「正しく考える方法」や「意思決定の方法」は人生で役立つ道具になる。もち
ろん，使いこなせるかどうかはその人次第。人生におけるさまざまな価値判
断についての問題は**入試の自由英作文でも頻出**だから，それらの道具を普段
から使い慣れていれば，受験の場でも慌てず対応できることだろう。

○ 言語・コミュニケーション

10 多言語環境 / 11 言葉は変わる / 12 スマイルの意味

英語という教科の入試で言葉に関わるトピックがよく出題されるのは，当然と
いえば当然。コミュニケーションスキルがさまざまな場面で重視される今，**言
葉について客観的・反省的に捉える習慣**を持つことは，英語だけでなく他の教
科の勉強や，さらには日常生活でも大いに役立ってくれるに違いない。

TOPIC 01

大学で何を学ぶか

何のため大学へ行くのだろう。そもそも勉強は何のためにするのか。学びの「目的」
を見定めれば，「何をどう学ぶか」という「手段」も見えてくるはず。変化の激しい
この時代を生きていくために求められる，自分なりの学びの形を探っていこう。

▌▌ Warm-up ┃ キーワードを知ろう

🔊 **A 01-1**
＊ダウンロード方法は
→7ページ

➔ 各英文の日本語訳の（　）にはどんな言葉が入るか，前後関係から考えてみよう。

1. You can expand your **intellect** through good education.
   あなたはよい教育を通じて（　　　）を広げることができる。

2. The **liberal arts** are subjects that give students a general education.
   （　　　）とは，学生に一般的な教育を与える科目である。

3. Students learn skills for specific jobs through **vocational** education.
   学生は（　　　）教育を通じて，特定の仕事のためのスキルを身につける。

4. An **educated** person should be able to accept diverse values.
   （　　　）人は，多様な価値観を認めることができるべきだ。

5. She was interested in scientific **disciplines** like chemistry and biology.
   彼女は，化学や生物学のような科学的な（　　　）に興味があった。

答え
1. intellect ＝知性　　　　2. liberal arts ＝一般教養科目
3. vocational ＝職業に関する　4. educated ＝教養のある
5. discipline ＝学問分野

➔ 答えを確認したら音声を3回聞き，3回音読しよう。

◉ まずは最後まで読んでみよう。大体の意味が分かったら，Q の答えを考えよう。

①For hundreds of years, universities were mostly attended by privileged
　　　　　　　　　　　　　　　　　　　　　　　　　主 に　　通 う　　　　特権階級の

men. ②Today, universities are accessible to people from all walks of life,
　　　　　　　　　　　　　　　利用できる　　　　　　　　　　　　(A)

and they offer a variety of educational paths. ③Some students choose to
　　　　提供する　　　　　　　　　　教育上の　　　進路

expand their intellect through a wide-ranging liberal arts education,
拡張する　　　[　　]　　　　　　　　幅 広 い　　　[　　]

5 while others stack their schedules with finance and economics courses to
　一方で　　　(B)　　　　　時間割　　　　財政学　　　　　課 程

become business leaders. ④Some students choose to avoid traditional
　　　　　　　　　　　　　　　　　　　　　　　　　　　避ける

universities altogether to attend vocational school in pursuit of a specific
　　　　　　完全に　　　　　　　　[　]　　　　　(C)　　　　特定の

job. ⑤In today's rapidly changing world, however, it is vital to prepare to
　　　　　　　急速に　　　　　　　　　しかしながら　　不可欠な

adapt. ⑥As AI makes certain career choices obsolete and others arise
適応する　　人工知能　　ある種の　職 業　　　時代遅れの　　　　　(D)

10 in response to new technologies, people cannot always expect to remain in
　～ に 応 じ て　　　　　　　　常に～とは限らない　予期する

a single job from graduation through retirement. ⑦The modern educated
ただ1つの　　　　卒 業　　～まで　引 退　　　　現代の　　[　　]

person is a master in multiple disciplines and can accept diverse values.
　　　精通した人　　多くの　　　[　　]　　　　　　(E)　　価値観

Q1：3行目 educational paths の例を文中から2つ探し，日本語で説明しよう。

Q2：⸺の語句のおおよその意味を前後の文脈から考えて，それぞれ選ぼう。

(A) ア　あらゆる立場や職業の　　イ　人生経験を積んだ

(B) ア　変更する　　　　　　　　イ　いっぱいにする

(C) ア　～を追い求めて　　　　　イ　～に関係なく

(D) ア　消滅する　　　　　　　　イ　発生する

(E) ア　多様な　　　　　　　　　イ　限られた

$\ell.1$　privileged men ▶次の文の people from all walks of life との対比に注意。

$\ell.2$　be accessible to 〜「〜にとって利用可能な」▶大学に「行ける」ということ。

$\ell.3$　Some students ▶ while others ($\ell.5$) と対比の関係にある。

$\ell.4$　liberal arts「(大学の) 一般教養科目」▶語学・哲学・歴史・科学・芸術など。

$\ell.5$　stack O with 〜「O を〜でいっぱいにする」

$\ell.7$　vocational school「職業学校」▶職業教育を行う専門学校など。

　　　in pursuit of 〜「〜を追い求めて」▶ pursuit「追求」, pursue「追求する」。

$\ell.9$　others = other career choices ▶新しく生まれる仕事もあるということ。

$\ell.11$　educated「(高い) 教育を受けた;教養のある」

【Q の答え】　Q1：幅広い一般教養科目で知性を広げる。($\ell.4$)
　　　　　　　　　　　ビジネスリーダーを目指して財政学や経済学を学ぶ。($\ell.5$)
　　　　　　　Q2：(A) ア　(B) イ　(C) ア　(D) イ　(E) ア

Review │ 確認しよう

⊙ 前ページの文章の日本語訳を読んで, (　　) の部分の意味が分かるか, 確認しよう。

①何百年もの間, 大学には主に特権階級の男性が通っていた。②今日, 大学はあらゆる立場や職業の人々が利用できるものであり, さまざまな教育上の (　　) を提供している。_{paths}③ある学生たちは幅広い (　　) の教育を通じて (　　) を広げることを選び,_{liberal arts}　_{intellect}一方で別の学生たちは, ビジネスリーダーになるために財政学と経済学の課程で時間割をいっぱいにする。④ある学生たちは, 特定の仕事を目指して (　　) 学校に通うために, 伝統的な大学を完全に避けることを選択する。⑤しか_{vocational}しながら, 今日の (　　) 変化する世界においては, (　　) 準備をすることが_{rapidly}　_{adapt}不可欠だ。⑥AI [人工知能] のために, ある種の (　　) の選択肢が時代遅れに_{career}なり, 新たな科学技術に応じて他の (職業の) 選択肢が発生するため, 人々は大学卒業から引退までただ 1 つの仕事にとどまることを常に予期できるとは限らない。⑦現代の (　　) 人とは, 多くの (　　) をしっかり身につけた人であり, 多様_{educated}　　_{disciplines}な (　　) を受け止めることができるのだ。_{values}

⊙ 次に前ページの英文の音声を 3 回聞き, 3 回音読しよう。

Input 2 | 聞き取ってみよう

A 01-2

⊙ 以下は前のページで見た文章である。音声を聞きながら空所を埋めよう。

①For hundreds of years, universities were mostly attended by privileged men. ②Today, universities are accessible to people from all walks of life, and they ＿＿＿＿＿＿＿＿＿＿＿＿＿＿＿＿. ③Some students ＿＿＿＿＿＿＿＿＿＿＿＿＿＿ through ＿＿＿＿＿＿＿＿＿＿＿＿, while others stack their schedules with finance and economics courses to become business leaders. ④Some students choose to avoid traditional universities altogether ＿＿＿＿＿＿＿＿＿＿＿＿ in pursuit of a specific job. ⑤In today's rapidly changing world, however, it is ＿＿＿＿ ＿＿＿＿＿＿＿＿＿. ⑥As AI makes certain career choices obsolete and others arise in response to new technologies, people cannot always expect to remain in a single job from graduation through retirement. ⑦＿＿＿＿＿＿＿＿ is ＿＿＿＿＿＿＿＿ and can accept diverse values.

Output 1 | 英語で表現しよう

⊙ 次の日本語訳から Warm-up の英文を思い出し，声に出しながら書いてみよう。

1. あなたはよい教育を通じて**知性**を広げることができる。
2. **一般教養科目**とは，学生に一般的な教育を与える科目である。
3. 学生は**職業（に関する）**教育を通じて，特定の仕事のためのスキルを身につける。
4. **教養のある人**は，多様な価値観を認めることができるべきだ。
5. 彼女は，化学や生物学のような科学的な**学問分野**に興味があった。

┌───
│ **思考力チャレンジ** ⊙ 次の答えを日本語で言って／書いてみよう。英語で言って／書いてみよう。
│ ・「大学に行く目的は？」と聞かれたら，あなたは何と答える？
└───

Output 2 | 英語で表現しよう（22 ページ）

TOPIC 02

手書きの重要性

大学などではノートパソコンやタブレットで講義ノートを取る学生が増えているという。確かにデジタル機器は「記録に残す」には便利だが，「記憶に残す」ためにはどうだろう。勉強を「やったつもり」になっただけで終わってはいないだろうか。

⫴ Warm-up │ キーワードを知ろう　　　　🔊 A 02-1

⊙ 各英文の日本語訳の（　）にはどんな言葉が入るか，前後関係から考えてみよう。

1. I usually use my **laptop** when I take notes in class.
   私は授業でノートを取るとき，たいてい（　　　）を使う。

2. To **retain** information, you should write it down by hand.
   情報を（　　　）ためには，手で書きとめる方がよい。

3. Please **type** your password in the box.
   入力欄にあなたのパスワードを（　　　）てください。

4. It is difficult to **summarize** this article in a few sentences.
   この記事を 2 ～ 3 文で（　　　）のは困難です。

5. Handwriting will help with the **comprehension** of the lecture.
   手書きすることは，その講義の（　　　）に役立つでしょう。

答え
1. laptop ＝ノートパソコン　　　　2. retain ＝記憶にとどめる
3. type ＝入力する；タイプする　　4. summarize ＝要約する
5. comprehension ＝理解

⊙ 答えを確認したら音声を 3 回聞き，3 回音読しよう。

→ まずは最後まで読んでみよう。大体の意味が分かったら，**Q** の答えを考えよう。

①As laptops have become common in the classroom, many students
[　　]　　　　　　　　　　　　　　　ありふれた

are walking out at the end of a lecture with more detailed notes than ever.
（教室を）歩いて出る　　　　　　　　　　　　　　(A)　　　　　　今までにないほど

②But their use of technology comes at a cost: ③they don't retain or
　　　　　～を使うこと　　　　　　(B)　　　　　　　　　　　[　　]

understand as much information as other students do. ④I'm not talking

5　about the obvious distractions laptops invite, such as email and
　　　　　　　明らかな　　(C)　　　　　　　招き寄せる

social media. ⑤It's clear that students who take notes with laptops can
ソーシャルメディア

type almost everything they hear without much effort. ⑥But that's the
[　　]　　　　　　　　　　　　　　～なしに　　労力

problem. ⑦Students who take notes with pen and paper are forced to
　　　　　　　　　　　　　　　　　　　　　　　　　(D)

focus and summarize the material, writing down only what is most
集中する　　　　[　　]　　　素材　　　　　　　　　　　　　非常に

10　important. ⑧Some scientists suggest that this causes the brain to work
　　　　　　　　　　　示唆する　　　　　　原因となる

harder, resulting in increased comprehension and the ability to remember
　　　　(E)　　　　　増加した　　　　　　[　　]

more, sometimes even many days later.
　　　　　～でさえも

Q1：4 行目 other students とはどういう学生か，日本語で説明しよう。

Q2：7 行目 that's the problem の that は何を指すか，日本語で説明しよう。

Q3：＿＿ の語句のおおよその意味を前後の文脈から考えて，それぞれ選ぼう。

(A) ア　簡潔な　　　　　　イ　詳しい

(B) ア　お金がかかる　　　イ　損失もある

(C) ア　邪魔になるもの　　イ　便利なもの

(D) ア　～せざるを得ない　イ　～する力がある

(E) ア　～に起因する　　　イ　～という結果になる

$\ell.2$ than ever「今までのいつよりも；今までにないほど」▶比較の強調。

$\ell.3$ their use of technology「彼らがテクノロジーを使うこと」

　　at a cost: they don't ～ ▶コロンに続けて，前文の具体的な説明が書かれている。この cost は「犠牲；損失」の意味で，at a cost は「犠牲［損失］を払って」。

$\ell.5$ distractions「邪魔になるもの；気を散らすもの」▶distract「(注意を) そらす」

$\ell.8$ take notes with pen and paper ▶take notes with laptops（$\ell.6$）との対比に注意。

$\ell.9$ ..., writing down ～「…，そして～を書きとめる」▶分詞構文。

$\ell.11$ ..., resulting in ～「…，そして～という結果になる」▶分詞構文。

【Q の答え】　**Q1**：ノートパソコンでノートを取らない学生。
　　　　　　　Q2：ノートパソコンでノートを取る学生は聞こえることのほとんどすべてを大した労力なしにタイプできること。
　　　　　　　Q3：(A) イ　(B) イ　(C) ア　(D) ア　(E) イ

▌▌▌ Review ｜ 確認しよう

➔ 前ページの文章の日本語訳を読んで，（　　）の部分の意味が分かるか，確認しよう。

①（　　）が教室で（　　）ものになったので，講義の終わりには多くの学生
　　laptop　　　　　　　　　common
が今までにないほど詳しいノートを手に教室を出ていくようになっている。②しか
し，彼らがテクノロジーを使うことには損失もある。③彼らは他の学生たちほど多
くの情報を（　　）わけでも理解するわけでもないのだ。④Eメールやソーシャ
　　　　　　retain
ルメディアのような，ノートパソコンが招き寄せる（　　）邪魔ものの話をして
　　　　　　　　　　　　　　　　　　　　　obvious
いるのではない。⑤ノートパソコンでノートを取る学生は，聞こえることのほとん
どすべてを大した（　　）なしに（　　）ことができるのは明らかだ。⑥しかば
　　　　　　　　　effort　　　　　type
それが問題なのだ。⑦ペンと紙でノートを取る学生は，集中して（　　）を（　　），
　　　　　　　　　　　　　　　　　　　　　　　material　　summarize
非常に重要なことだけを書きとめざるを得ない。⑧このことは脳をより働かせる
（　　），その結果として，より（　　）が増し［←増加した（　　）］，時に
　cause　　　　　　　　comprehension　　　　　　comprehension
は何日もたった後でさえも，より多くを覚えている能力が得られるのだと，一部の
科学者たちは示唆する。

➔ 次に前ページの英文の音声を 3 回聞き，3 回音読しよう。

➔ 以下は前のページで見た文章である。音声を聞きながら空所を埋めよう。

①As ＿＿＿＿＿＿＿＿＿＿＿＿＿＿＿ in the classroom, many students are walking out at the end of a lecture with more detailed notes than ever. ②But ＿＿＿＿＿＿＿＿＿＿＿＿＿＿ comes at a cost: ③they ＿＿＿＿＿＿ ＿＿＿＿＿＿＿＿＿＿ as much information as other students do. ④I'm not talking about the obvious distractions laptops invite, such as email and social media. ⑤It's clear that students who take notes with laptops can ＿＿＿＿＿＿＿＿＿＿＿＿＿＿ without much effort. ⑥But that's the problem. ⑦Students ＿＿＿＿＿＿＿＿＿＿＿＿ are forced to ＿＿＿＿＿ ＿＿＿＿＿＿＿＿, writing down only what is most important. ⑧Some scientists suggest that this causes the brain to work harder, ＿＿＿ ＿＿＿＿＿＿＿＿＿ and the ability to remember more, sometimes even many days later.

Output 1 | 英語で表現しよう

➔ 次の日本語訳から Warm-up の英文を思い出し，声に出しながら書いてみよう。

1. 私は授業でノートを取るとき，たいてい**ノートパソコン**を使う。
2. 情報を**記憶にとどめる**ためには，手で書きとめる方がよい。
3. 入力欄にあなたのパスワードを**入力して**ください。
4. この記事を 2 ～ 3 文で**要約する**のは困難です。
5. 手書きすることは，その講義の**理解**に役立つでしょう。

┌───┐
思考力チャレンジ ➔ 次の答えを日本語で言って／書いてみよう。英語で言って／書いてみよう。

・手書きの方が便利な場合と，逆に不便な場合の例を，1 つずつ考えてみよう。
└───┘

➔ Output 2 | 英語で表現しよう（22 ページ）

TOPIC 03
「確証バイアス」とは

初対面の人でも，自分と好みが似ていると分かったら急に親近感が湧いた──そんな経験は誰にでもあるだろう。それはごく自然な感情だが，同じような心理が弊害を生むこともある。時には自分の心の動きを客観的に観察してみよう。

‖‖ Warm-up ｜ キーワードを知ろう

🔊 A 03-1

⊙ 各英文の日本語訳の（　）にはどんな言葉が入るか，前後関係から考えてみよう。

1. **Bias** is a belief that makes you treat a person or thing unfairly.
   （　　　）とは，ある人やものを不公平に扱うようにさせる思い込みのことだ。

2. We have a **tendency** to see what we want to see.
   私たちには，自分の見たいものが見える（　　　）がある。

3. This information **confirms** what many of us already believe.
   この情報は，私たちの多くがすでに信じていることを（　　　）。

4. People often favor ideas that **support** their own viewpoints.
   人々はしばしば，自分の見方を（　　　）ような考えを好む。

5. Even a **rational** person can make mistakes about facts.
   （　　　）人でさえ，事実について間違いを犯すことがある。

答え
1. bias ＝偏見；バイアス　　　　2. tendency ＝傾向
2. confirm ＝確証する；裏付ける　3. support ＝支持する
5. rational ＝理性的な

⊙ 答えを確認したら音声を 3 回聞き，3 回音読しよう。

➔ まずは最後まで読んでみよう。大体の意味が分かったら，**Q** の答えを考えよう。

①Confirmation bias describes people's tendency to pay special
確証　　　　[　]　　　言い表す　　　　　　　　[　]

attention to information that "confirms" what they already believe, and,
注意　　　　　　　　　　　　[　]

conversely, to ignore evidence that conflicts with their previously held
逆に　　　　(A)　　　証拠　　　対立する　　　　　　前もって

beliefs. ②For example, suppose you think that a certain food you love is
　　　　　　　　　〜だとしよう　　　　　　　　ある

5　very healthy. ③In that case, you would be more likely to value scientific
　　　　　　　　　　　　　　可能性がより高い　高く評価する

studies that support your viewpoint, whereas you may dismiss studies
　　[　]　　　　　　　見方　　　〜だが一方で　　　dismiss
　　　　　　　　　　　　　　　　　　　　　　　　(B)

that conclude the food doesn't offer many nutritional benefits.
結論づける　　　　　　　　　　　　栄養上の　　利益

④Furthermore, confirmation bias leads people to interpret unclear or
さらに　　　　　　　　　　　　させる　　　　解釈する

ambiguous data as supporting what they already think, so that the same
(C)　　　　　　　　　　　　　　　　　　　　　そのため

10　information can be used to support either of two opposite claims. ⑤Even
　　　　　　　　　　　　　　どちらでも　　正反対の　主張

rational and intelligent people are subject to this kind of mental mistake.
[　]　　　知能の高い　　　　(D)　　　　　　頭の中の

⑥Understanding this tendency can help shed light on many
　　　　　　　　　　　　　　　　役立つ　　(E)

communication failures.
失敗

Q1：2行目 and が結ぶ語句を，中心となる2語ずつで文中から抜き出そう。

Q2：＿＿＿の語句のおおよその意味を前後の文脈から考えて，それぞれ選ぼう。

(A) ア　探し求める　　　　　イ　無視する

(B) ア　取り上げる　　　　　イ　退ける

(C) ア　明白な　　　　　　　イ　曖昧な

(D) ア　〜の影響を受けやすい　イ　〜の影響を受けにくい

(E) ア　〜を解明する　　　　イ　〜を隠蔽する

ℓ.1　tendency to pay ～ , and(, conversely,) to ignore ... 「～を払い，（逆に）…を無視する傾向」▶2つの不定詞が tendency にかかっていることに注意。

ℓ.2　confirm「確証する；（正しいと）裏付ける；（信念などを）強める」

　　　what they already believe ▶同じ内容が，以下で their previously held beliefs（*ℓ.3*），what they already think（*ℓ.9*）と言い換えられている。

ℓ.3　previously held「前もって抱いていた」▶beliefs にかかる。

ℓ.8　S leads O to *do*「S は O に～させる；S のせいで O は～することになる」

　　　interpret O as *doing*「O が～すると解釈する」

ℓ.11　be subject to ～「～の影響を受けやすい；～を起こしやすい」

【Q の答え】　**Q1**：to pay（*ℓ.1*）/ to ignore（*ℓ.3*）
　　　　　　　Q2：(A) イ　(B) イ　(C) イ　(D) ア　(E) ア

Review ｜ 確認しよう

➔ 前ページの文章の日本語訳を読んで，（　　）の部分の意味が分かるか，確認しよう。

　①確証バイアス［確証に関する（　　　）］とは，自分がすでに信じていることを
　　　　　　　　　　　　　　bias
「（　　　）」情報には特別な注意を払い，（　　　），もともと持っていた考えと対立
　confirm　　　　　　　　　　　　　　　　conversely
する（　　　）を無視するという，人々の（　　　　　）のことを言う。②例えば，あな
　　evidence　　　　　　　　　　tendency
たは大好きなある食べ物がとても健康にいいと思っているとしよう。③その場合，あ
なたは，自分の見方を（　　　）科学的研究を高く評価する可能性の方が高く，一
　　　　　　　　　　support
方でその食べ物があまり多くの栄養上の利益を与えないと（　　　）研究を退ける
　　　　　　　　　　　　　　　　　　　　　　　　　　　conclude
可能性がある。④さらに，確証バイアスのせいで，人々は，不明確または曖昧なデー
タが，自分がすでに思っていることを支持するものと（　　　）ことになり，その
　　　　　　　　　　　　　　　　　　　　　　　interpret
ため，同じ情報が2つの（　　　）主張のどちらを支持するためにも使われうるこ
　　　　　　　　　opposite
とになってしまう。⑤（　　　）で頭のよい人々でさえ，この種の頭の中の誤りを犯
　　　　　　　rational
してしまいやすいのだ。⑥この（　　　）を理解することは，さまざまなコミュニケー
　　　　　　　　　　tendency
ションの失敗を解明するのに役立ちうる。

➔ 次に前ページの英文の音声を 3 回聞き，3 回音読しよう。

➔ 以下は前のページで見た文章である。音声を聞きながら空所を埋めよう。

① _____ to pay special attention to information _____ already believe and, conversely, to ignore evidence that conflicts with their previously held beliefs. ②For example, suppose you think that _____ very healthy. ③In that case, you would be more likely to value _____, whereas you may _____ the food doesn't offer many nutritional benefits. ④Furthermore, confirmation bias leads people to _____ as supporting what they already think, so that the same information can be used to support either of two opposite claims. ⑤Even _____ to this kind of mental mistake. ⑥Understanding this tendency can help shed light on many communication failures.

Output 1 | 英語で表現しよう

➔ 次の日本語訳から Warm-up の英文を思い出し，声に出しながら書いてみよう。

1. **偏見**とは，ある人やものを不公平に扱うようにさせる思い込みのことだ。
2. 私たちには，自分の見たいものが見える**傾向**がある。
3. この情報は，私たちの多くがすでに信じていることを**裏付ける**。
4. 人々はしばしば，自分の見方を**支持する**ような考えを好む。
5. **理性的な**人でさえ，事実について間違いを犯すことがある。

┌───┐
思考力チャレンジ ➔ 次の答えを日本語で言って／書いてみよう。英語で言って／書いてみよう。

・あなたはどんな「確証バイアス」に影響された経験があるだろうか。
└───┘

➔ Output 2 | 英語で表現しよう（23 ページ）

教育・心理

┃┃ Output 2 | 英語で表現しよう

⊙ 各課で見た表現を使って日本語に合う英文を完成し，声に出して言ってみよう。

TOPIC 01 **大学で何を学ぶか**［p.10］

1. 若い人々は，大学教育を通じて**知性**を広げることができる。
   Young people can _____.

2. この大学は，幅広い**一般教養科目**の教育を提供している。
   This university _____.

3. 彼はデザイナーになるために**職業学校**に通った。
   He _____ a designer.

4. 彼女は，**教養ある**人で，多様な価値観を認めることができる。
   She is _____.

5. 私は財政学や経済学のような**学問分野**に興味がある。
   I am _____.

TOPIC 02 **手書きの重要性**［p.14］

1. 彼女はノート［メモ］を取るとき，たいてい**ノートパソコン**を使う。
   She usually _____.

2. その情報を**記憶にとどめる**ために，私はそれを手で書きとめた。
   To _____.

3. 先生が言うことのすべてを**タイプ**しようとしてはいけない。
   Don't try _____.

4. 彼は状況を 2 〜 3 文で**要約した**。
   He _____.

5. この本は，彼女の講義に対するあなたの**理解**を深めてくれるでしょう。
   This book will deepen _____.

1. この**偏見**のせいで，彼は私のことを不公平に扱った。

   This _____ .

2. 人には，自分の信じたいものを信じる**傾向**がある。

   People _____ .

3. その情報は，彼女が昨日言ったことを**裏付けてくれる**。

   The information _____ .

4. 私は，その２つの主張のどちらも**支持**しません。

   I don't _____ .

5. **理性的な**人でさえ確証バイアスを持っている。

   Even _____ .

【解答例】

TOPIC 01　大学で何を学ぶか

1. Young people can expand their intellect through university[college] education.
2. This university offers a wide-ranging liberal arts education.
3. He attended vocational school to become a designer.
4. She is an educated person and can accept diverse values.
5. I am interested in disciplines like finance and economics.

TOPIC 02　手書きの重要性

1. She usually uses her laptop when she takes notes.
2. To retain the information, I wrote it down by hand.
3. Don't try to type everything the teacher says.
4. He summarized the situation in a few sentences.
5. This book will deepen your comprehension of her lecture.

TOPIC 03　「確証バイアス」とは

1. This bias made him treat me unfairly.
2. People have a tendency to believe what they want to believe.
3. The information confirms what she said yesterday.
4. I don't support either of the two claims.
5. Even a rational person has confirmation bias.

PICK UP

教育・心理

過去の入試で実際に出題されたトピックに触れて，トピック力の幅を広げよう。

◆遠隔学習　[福島大学]

> 1.遠隔学習が技術の進歩により 2.対面学習に代わるものとして普及してきた。生徒は 3.自分のペースで学ぶことができる分，自律性も求められる。また，生徒に最適なフィードバックをするという 4.教師の役割は遠隔学習でも変わらない。

1. distance learning
2. alternative to face-to-face learning
3. learn at their own pace
4. the teacher's role

◆次代を生きるための教育とは　[愛知教育大学]

> 次世代の子どもたちが 1.現代の難題に取り組むためには， 2.学校の運営を子どもに任せることが必要だ。子どもたち自身が 3.集団的意思決定を行うとともに，自身の関心に従って 4.学ぶ必要があることを学ぶことができる教育制度が望ましい。

1. tackle the challenges of our time
2. put children in charge of schools
3. collective decision-making
4. learn what they need to

◆ほほ笑みの認識　[広島大学]

> 幼い子どもでも 1.本物と偽物のほほ笑みを区別することができる。その能力は，生きる上で 2.誰と協力し交流すべきかを決めるための 3.信頼できるシグナルにもなる。ほほ笑みの識別は，歩行や発話と同様，子どもの 4.発達の目安なのだ。

1. discriminate between real and fake smiles
2. with whom to cooperate and interact
3. authentic signals
4. developmental milestone

◆「傍観者効果」とは　[神戸大学]

周囲に多くの人々がいると，1.緊急の手助けを必要とする人がいても躊躇してしまう。2.社会心理学者はこれを「3.傍観者効果」と呼ぶ。自分の行動が間違っているかもしれないという 4.きまりの悪さを恐れる気持ちが背景にあるとされる。

1. needs emergency help
2. social psychologists
3. bystander effect
4. fear of embarrassment

◆天才の特性　[鳥取大学]

天才は飛び抜けて頭がいいだけではない。1.重要なのは創造性だ。ダビンチのような天才が，2.世間一般の通念に異議を唱え，3.さまざまな分野にまたがって活躍した。彼は 4.普遍的な知性を持つ［万能の］人間の典型だったといえる。

1. What matters is creativity.
2. challenged conventional wisdom
3. active across different fields
4. the universal mind

英作文　出題例　まずは日本語でよいので，自分なりの答えを考えてみよう。

1. Do you think it should be compulsory for all high school students to study abroad?
   （すべての高校生に海外留学を必修化すべきだと思うか）[千葉大学]

2. 下記の意見に対して，賛成か，反対か，あなたの立場を明らかにし，その理由と共に英語で書きなさい。
   "For educational purposes, students should be allowed to freely use their smartphones in class."（教育目的のために学生は授業中にスマートフォンを自由に使うことを許可されるべきだ）[高知大学]

3. You have been studying for the university entrance examination. What do you think the meaning of studying at university is?（あなたはこれまで大学入試のために勉強をしてきたが，大学で学ぶ意味とは何だと思うか）[岡山大学]

健康・医学①

TOPIC 04

「偽薬」の効果

体の調子はしばしば心に影響を及ぼす。病気のときは，なかなか明るい気持ちになれないものだ。ではその逆はどうだろう。うれしい知らせで疲れが吹き飛ぶこともある。心と体は別物ではなく，想像以上に密接に関わり合っているようだ。

Warm-up | キーワードを知ろう

🔊 A 04-1

➔ 各英文の日本語訳の（　）にはどんな言葉が入るか，前後関係から考えてみよう。

1. Doctors conducted a medical **experiment** to test the new drug.
   医師たちは新しい薬物を試験するために医学的な（　　　）を行った。

2. A placebo is a kind of fake **medicine** given to patients.
   プラセボ［偽薬］とは，患者に与えられる偽の（　　　）の一種だ。

3. This treatment will **relieve** the patient's severe headache.
   この治療法は患者の激しい頭痛を（　　　）だろう。

4. A **symptom** is a change in the body that is a sign of disease.
   （　　　）とは，病気のしるしである体の変化のことだ。

5. This is a curious **phenomenon** known as the "placebo effect."
   これは「プラセボ効果」として知られる奇妙な（　　　）だ。

答え
1. experiment ＝実験　　2. medicine ＝薬
3. relieve ＝和らげる　　4. symptom ＝症状
5. phenomenon ＝現象

➔ 答えを確認したら音声を 3 回聞き，3 回音読しよう。

➲ まずは最後まで読んでみよう。大体の意味が分かったら，**Q** の答えを考えよう。

①Imagine a medical experiment in which doctors are testing a new
想像する　　　　　　　　　　　　[　　]　　　　　　　　　　　　　　試験する

treatment for severe headaches. ②One group of patients takes a
治療法　　　激しい　頭痛　　　　　　　　　　　　患者

newly-developed drug, while another group is given placebos — pills
新たに開発された　薬物　一方で　　　　　　　　　　プラセボ[偽薬]　　錠剤

with no medical value at all. ③Whether or not the new drug works, some
　　　　(A)　　　　　　　　～であろうとなかろうと　　効く

5　of the patients who take the fake medicine are likely to report that their
偽の　　[　]　　　　　　報告する

treatment has relieved some of their symptoms. ④This is known as the
[　]　　　　　　　　　　[　]

"placebo effect," a phenomenon in which the simple act of taking
効果　　　[　]　　　　　　　単なる　行為

medicine can help a person feel better. ⑤Surprisingly, research indicates
役立つ　　　　　　　　意外にも　研究　　(B)

that even if a patient is aware that the medicine is fake, it can still prove
たとえ～でも　　　　知っている　　　　　　　　(C)

10　effective. ⑥However, experts caution that placebos are not cures.
効き目がある　　　　　　警告する　　　　　　　　(D)

⑦That's why placebos are sometimes used to treat symptoms like fatigue
そういうわけで～　　　　　　　　治療する　　　倦怠感

or nausea — the side effects of proper cancer treatment.
吐き気　　　　(E)　　　適切な　がん

Q1 : 6 行目 their symptoms の内容を表す語句を，文中から 2 語で抜き出そう。

Q2 : 8 行目 can help の主語を，中心となる 1 語で抜き出そう。

Q3 : ＿＿の語句のおおよその意味を前後の文脈から考えて，それぞれ選ぼう。

　　　(A) ア　価格　　　　　　イ　有用性

　　　(B) ア　示す　　　　　　イ　否定する

　　　(C) ア　証明する　　　　イ　判明する

　　　(D) ア　治療薬　　　　　イ　有毒物

　　　(E) ア　副作用　　　　　イ　相乗効果

ℓ.3　drug「薬；薬物」▶「心身の機能に変化をもたらす物質」を指し，麻薬なども含む。「薬」
は日常的には medicine と言うことが多いが，ここでは両者はほぼ同じ意味。

placebos — pills with 〜 ▶ダッシュが直前の placebo の説明を導いている。

ℓ.4　value「有用性；重要性；（実用的な面での）価値」

ℓ.6　the "placebo effect," a phenomenon 〜 ▶コンマの前後は同格の関係。

ℓ.8　research indicates that (even if 〜 fake,) it can still ... ▶that 節内の主語は it で，
その前までは even if が導く副詞節。

ℓ.9　can still prove effective「それでも効き目があると判明する場合がある」
▶prove C「C と分かる」の文型で，C は形容詞。prove O「O を証明する」との違いに注意。

ℓ.11　symptoms (like 〜) — the side effects ... ▶ダッシュの前後は同格の関係。

【Q の答え】　**Q1**：severe headaches（*ℓ.2*）　　**Q2**：act（*ℓ.7*）
　　　　　　　　Q2：(A) イ　　(B) ア　　(C) イ　　(D) ア　　(E) ア

▌▌▌ Review ┃ 確認しよう

⊙ 前ページの文章の日本語訳を読んで，（　　）の部分の意味が分かるか，確認しよう。

①医師たちが激しい頭痛の新しい（　　）を試験している医学的（　　）を想
像してみよう。②１つの患者のグループは新たに開発された薬物を飲み，一方で別の
グループはプラセボ［偽薬］──医学的有用性の全くない錠剤──を与えられる。③新
しい薬が効こうと効くまいと，偽の（　　）を飲んだ患者の一部は，たぶん，彼
らの受けた（　　）が（　　）のいくぶんかを（　　）てくれたと報告する
だろう。④これは，「プラセボ（　　）」として知られており，薬を飲むという単な
る行為が，人の具合をよくするのに（　　）場合があるという（　　）のことだ。
⑤意外なことに，たとえ患者がその薬は偽物だと知っていても，それでも（　　）
と判明する場合があることを，研究結果が示している。⑥しかし，プラセボは治療
薬ではないと専門家は警告している。⑦そういうわけで，プラセボは，適切な（　　）
の（　　）の副作用である倦怠感や吐き気のような症状を治療するために時々使
われるのである。

（治療=treatment / 実験=experiment / medicine / treatment / symptoms / relieve / effect / help / phenomenon / effective / cancer / treatment）

⊙ 次に前ページの英文の音声を３回聞き，３回音読しよう。

⊙ 以下は前のページで見た文章である。音声を聞きながら空所を埋めよう。

①_____ in which doctors are testing a new treatment for severe headaches. ②One group of patients takes a newly-developed drug, while _____ — pills with no medical value at all. ③Whether or not the new drug works, some of the _____ are likely to report that their treatment has _____. ④This is known as the _____ _____ the simple act of taking medicine can help a person feel better. ⑤Surprisingly, research indicates that even if a patient is _____ _____, it can still prove effective. ⑥However, experts caution that placebos are not cures. ⑦That's why placebos are _____ _____ like fatigue or nausea — the side effects of proper cancer treatment.

Output 1 | 英語で表現しよう

⊙ 次の日本語訳から Warm-up の英文を思い出し，声に出しながら書いてみよう。

1. 医師たちは新しい薬物を試験するために医学的な**実験**を行った。
2. プラセボ［偽薬］とは，患者に与えられる偽の**薬**の一種だ。
3. この治療法は患者の激しい頭痛を**和らげる**だろう。
4. **症状**とは，病気のしるしである体の変化のことだ。
5. これは「プラセボ効果」として知られる奇妙な**現象**だ。

思考力チャレンジ ⊙ 次の答えを日本語で言って／書いてみよう。英語で言って／書いてみよう。

・プラセボは「偽物」なのに，症状軽減など実際の効果を持つのはなぜだと思う？

⊙ Output 2 | 英語で表現しよう（38 ページ）

健康・医学②

TOPIC 05

脳　死

死には 2 種類ある。自分の死と他人の死だ。自分はどんなふうに死を迎えたいか。

身近な人の死をどうやって受け入れるか。見知らぬ誰かの死をどのように感じれば

よいのか。死について考えることは，生について考えることでもある。

▌▌▌ Warm-up │ キーワードを知ろう　　　　🔊 A 05-1

⊙ 各英文の日本語訳の（　）にはどんな言葉が入るか，前後関係から考えてみよう。

1. Brain death is when the brain stops **functioning** permanently.
   脳死とは，脳が（　　　）のを永久に止めるときのことである。

2. The injured woman was connected to a **life-support** system.
   その負傷した女性は（　　　）装置につながれていた。

3. I'm thinking of donating my **organs** after death.
   私は，死んだ後に（　　　）を提供しようかと考えている。

4. The donor's liver was **transplanted** into a 20-year-old man.
   そのドナーの肝臓は，20 歳の男性に（　　　）された。

5. Cancer is not a **fatal** disease if it is found early.
   がんは，早く見つかれば（　　　）病気ではない。

答え
1. function ＝機能する　　　2. life-support ＝生命維持（の）
3. organ ＝臓器　　　　　　4. transplant ＝移植する
5. fatal ＝致命的な；命に関わる

⊙ 答えを確認したら音声を 3 回聞き，3 回音読しよう。

⊙ まずは最後まで読んでみよう。大体の意味が分かったら，**Q** の答えを考えよう。

①When do we truly die? ②There are countless stories of people who
　　　　本当に　　　　　　　　　　　　　　　(A)
have seemingly come back to life after their hearts stopped beating.
　　　見た目には　　　　　　　　　　　　　　　　　　心臓　　　　鼓動する
③Brain death is permanent, however. ④When someone's brain stops
　脳　死　　　　　(B)
functioning, there is no hope for that person's recovery. ⑤This can be
　[　　]　　　　　　　　　　　　　　　　　　　　　　　回復
5 confusing if the patient is connected to a life-support system that keeps
　困惑させる　　　　患者　　　つなぐ　　　　　　[　　]
them breathing. ⑥The continuous flow of oxygen, in turn, allows the
　呼吸する　　　　　絶え間ない　　　　　　酸素　　すると今度は　～させる
patient's heart to continue to beat. ⑦To distressed friends and family it
　　　　　　　続ける　　　　　　　　　　　(C)
may seem that there is still hope for survival. ⑧Nevertheless, once the
　　　　　まだ　　　　生存　　　　　(D)　　　　～すると
machine is disconnected, all body functions will cease. ⑨So why keep a
　　　外す　　　　　　　　　　　　　　　　　　(E)
10 patient who has suffered brain death on life support? ⑩Sometimes these
　　　　　　こうむる
patients have other perfectly functioning organs that can be transplanted
　　　　　完全に　　　　　[　　]　　　　　　　[　　]
into someone who would otherwise die of a fatal organ disease.
　　　　　　　　　　　　　[　　]　　病気

Q1：1 行目 When do we truly die? の答えに当たる部分を 5 語で抜き出そう。

Q2：12 行目 otherwise を言い換えると？ = if they (　　) get an organ transplant

Q3：＿＿の語句のおおよその意味を前後の文脈から考えて，それぞれ選ぼう。

　　　(A) ア　ごく少数の　　　イ　とても多くの
　　　(B) ア　永久的な　　　　イ　一時的な
　　　(C) ア　心を痛めている　イ　希望を抱いている
　　　(D) ア　だからこそ　　　イ　それにもかかわらず
　　　(E) ア　停止する　　　　イ　回復する

ℓ.2　seemingly「一見すると」▶本当は死んでいなかったから本当に生き返ったわけでもない。

ℓ.5　confusing「困惑［混乱］させる」▶脳死状態で回復の可能性がないのに，生命維持装置で呼吸しており，生きているように見えるため，困惑してしまうということ。

　　　keep O *doing*「O に〜し続けさせる」

ℓ.6　allow O to *do*「O に〜させる；O が〜するのを可能にする」

ℓ.9　Why *do*?「なぜ〜するのか」▶「不要ではないか」という含み。ここでは，生命維持装置を止めて臓器移植すれば他の人の命を救えるかもしれないのに，ということ。

　　　keep O on life support「O を生命維持装置につないでおく」

【Q の答え】　**Q1**：When someone's brain stops functioning（ℓ.3）

　　　　　　Q2：if they（didn't）get an organ transplant ▶仮定法過去の文で，otherwise（そうしなければ；さもなければ）が if 節の意味を表す。言い換えの中の they は someone を受ける。organ transplant「臓器移植」。

　　　　　　Q3：(A) イ　(B) ア　(C) ア　(D) イ　(E) ア

Review | 確認しよう

➔ 前ページの文章の日本語訳を読んで，（　　　）の部分の意味が分かるか，確認しよう。

①私たちが本当に死ぬのはいつだろう。②一見，心臓が（　　　）のを止めたあとで生き返ったように見える人々の話は数えきれないほどある。③しかし，（　　　）
　　　　　　　　beat　　　　　　　　　　　　　　　　　　　　　　　　　　　　　　brain death
は永久的だ。④人の脳が（　　　）のを止めたら，その人の（　　　）への希望はな
　　　　　　　　　　　　function　　　　　　　　　　　recovery
い。⑤このことは，呼吸をし続けさせる（　　　）装置にその患者がつながれていた
　　　　　　　　　　　　　　　　　　　　life-support
ら，（見る人を）困惑させることになりかねない。⑥（　　　）酸素の流れが，今度は，
　　　　　　　　　　　　　　　　　　　　　　　　continuous
患者の心臓を打ち続けさせるのだ。⑦心を痛めている友人や家族には，まだ（　　　）
　　　　　　　　　　　　　　　　　　　　　　　　　　　　　　　　　survival
への希望があるように思えるかもしれない。⑧それにもかかわらず，その機械が外
されると，すべての体の機能は停止するのだ。⑨それなら，なぜ脳死になった患者
を生命維持装置につないでおくのか［そんな必要はあるのか］。⑩時に，こうした患
者は，他の［脳以外の］完全に機能している（　　　）を持っており，それは，（　　　）
　　　　　　　　　　　　　　　　　　　　organ　　　　　　　　　　　　　otherwise
致命的な（　　　）疾患で死んでしまう人に（　　　）ことができるのである。
　　　　　　organ　　　　　　　　　　　transplant

➔ 次に前ページの英文の音声を 3 回聞き，3 回音読しよう。

→ 以下は前のページで見た文章である。音声を聞きながら空所を埋めよう。

①When do we truly die? ②There are countless stories of people who have seemingly come back to life after their hearts stopped beating. ③Brain death is permanent, however. ④_____, there is no hope for that person's recovery. ⑤This can be confusing if the patient is _____ that keeps them breathing. ⑥The continuous flow of oxygen, in turn, allows _____ _____. ⑦To distressed friends and family it may seem that _____ _____. ⑧Nevertheless, once the machine is disconnected, all body functions will cease. ⑨So why keep a patient _____ _____ on life support? ⑩Sometimes these patients have other perfectly functioning _____ someone who would otherwise _____.

Output 1 | 英語で表現しよう

→ 次の日本語訳から Warm-up の英文を思い出し，声に出しながら書いてみよう。

1. 脳死とは，脳が**機能する**のを永久に止めるときのことである。
2. その負傷した女性は**生命維持（の）**装置につながれていた。
3. 私は，死んだ後に**臓器**を提供しようかと考えている。
4. そのドナーの肝臓が，20歳の男性に**移植**された。
5. がんは，早く見つかれば**致命的な**病気ではない。

┌─────────────┐
│ **思考力チャレンジ** │ → 次の答えを日本語で言って／書いてみよう。英語で言って／書いてみよう。
└─────────────┘
・もし自分が脳死状態になったら，生命維持装置を外してもらってもいいと思う？

→ Output 2 | 英語で表現しよう（38ページ）

健康・医学③

TOPIC 06

肥満と健康

アメリカでは成人の肥満率が約40％にもなるという。さまざまな病気の誘因ともなる肥満が，世界中で社会問題化している。従来肥満率が低かった日本でも，食習慣の欧米化や運動不足によって肥満が増えており，対策が求められている。

‖‖ Warm-up ｜ キーワードを知ろう　　　🔊 A 06-1

⊙ 各英文の日本語訳の（　）にはどんな言葉が入るか，前後関係から考えてみよう。

1. Many young people mistakenly believe they are **overweight**.
   多くの若者が誤って自分は（　　　）だと思ってしまう。

2. **Genes** play an important role in health and disease.
   （　　　）は健康や病気に関して重要な働きをする。

3. Obesity and diabetes are examples of **lifestyle diseases**.
   肥満や糖尿病は（　　　）の例である。

4. You should pay attention to **nutrition** when you eat out.
   外食するときは，（　　　）に注意を払う方がいい。

5. Eating a balanced **diet** is healthier than just eating less.
   バランスのよい（　　　）を取るのは，単に食べる量を減らすより健康的だ。

答え⟨　1. overweight ＝太りすぎ　　　　　2. gene ＝遺伝子
　　　3. lifestyle disease ＝生活習慣病　　4. nutrition ＝栄養；栄養摂取
　　　5. diet ＝食事

⊙ 答えを確認したら音声を3回聞き，3回音読しよう。

➔ まずは最後まで読んでみよう。大体の意味が分かったら，**Q** の答えを考えよう。

①Obesity is defined as a condition of being overweight to an unhealthy
肥満　　定義する　　　病気　　　　　　[　　]

degree, and it's a growing problem all over the world. ②Although a person's
程度　　　　(A)

genes play a role in the ability to lose fat, obesity is often considered a
[　]　　　役割　　　　　脂肪　　　　　　　　　　見なす

lifestyle disease because it is directly associated with eating habits. ③The
[　]　　　　　　　　直接的に　　　(B)　　　　　習慣

5 disease also places a significant burden on healthcare systems.
(C)　　　　　負担　　　医療制度

④Hospitals have to get special equipment to support people who are
機器　　　サポートする

severely overweight, and obese patients have higher rates of diseases like
著しく　　　　　　　　　肥満の　　　　　　　割合

diabetes and high blood pressure due to their condition. ⑤However,
糖尿病　　　　血圧　　　〜のために

research has shown that a little bit of education goes a long way.
研究　　　　　　ほんの少しの〜　　　　　　(D)

10 ⑥Teaching people about nutrition and how to maintain a balanced diet
[　]　　　　　　　　維持する　　　[　]

can help them keep their weight under control.
体重　　　(E)

Q1：4行目 The disease が指すものを1語で抜き出そう。

Q2：11行目 can help の主語は何か。

Q3：＿＿の語句のおおよその意味を前後の文脈から考えて，それぞれ選ぼう。

(A) ア 成長に関わる　　イ 深刻化する

(B) ア 〜と関連した　　イ 〜と関係ない

(C) ア わずかな　　　イ かなりの

(D) ア とても効果がある　イ あまり効果がない

(E) ア 抑制できて　　　イ 抑制できなくて

■ ─┌ ポ ｜ ン ト ┐─────────────────────────

ℓ.1　to a 〜 degree「〜な程度に；〜なほどに」

ℓ.2　growing「（程度などが）増大する；深刻化する」▶形容詞。

ℓ.3　play a role in 〜「〜で役割を果たす；〜に関係している」

　　　be considered C「C と見なされる」▶consider O C の受動態。

ℓ.5　place a burden on 〜「〜に負担をかける」▶place は動詞で「置く」の意味。

ℓ.7　obese「肥満の」> obesity「（病的な）肥満」

ℓ.9　go a long way「とても役に立つ」▶「遠くまで行く」が元の意味。

ℓ.10　Teaching O about 〜「〜について O に教えること」▶diet までが動名詞句。

　　　nutrition と how to maintain a balanced diet の 2 つが前置詞 about の目的語。

　　　diet「食事」▶栄養面から見た食事のこと。ここでは「ダイエット」の意味ではない。

ℓ.11　keep 〜 under control「〜を抑えておく；〜をコントロール下に保つ」

【Q の答え】　**Q1**：obesity
　　　　　　Q2：Teaching people about nutrition and ... a balanced diet
　　　　　　Q3：(A) イ　(B) ア　(C) イ　(D) ア　(E) ア

Review ｜ 確認しよう

➔ 前ページの文章の日本語訳を読んで，（　　）の部分の意味が分かるか，確認しよう。

①（　　obesity　）とは，不健康な程度まで（　　overweight　）である病気と定義され，世界中で問題が深刻化している。②（　fat　）を落とす能力にはその人の（　genes　）も役割を果たしているが，肥満は，食（　habit　）と直接的に関連があるため，しばしば（　lifestyle disease　）と見なされる。③その病気はまた医療制度にもかなりの（　burden　）をかける。④病院は著しく（　overweight　）の人々をサポートする特別な機器を買わなければならないし，肥満の患者たちは，彼らの病気のために糖尿病や高血圧といった病気の（　rates　）が高いのだ。⑤しかし，研究によれば，ほんの少しの教育がとても効果があることが分かっている。⑥人々に（　nutrition　）と，バランスのよい（　diet　）を維持する方法を教えることは，彼らが体重を抑え続けるのに役立ちうるのである。

➔ 次に前ページの英文の音声を 3 回聞き，3 回音読しよう。

→ 以下は前のページで見た文章である。音声を聞きながら空所を埋めよう。

①Obesity is defined as a condition of being overweight to an unhealthy degree, and it's a growing problem all over the world. ②Although _____ in the ability to lose fat, obesity is _____ because it is directly associated with eating habits. ③The disease also _____ healthcare systems. ④Hospitals have to get special equipment to support _____, and obese patients _____ _____ diabetes and high blood pressure due to their condition. ⑤However, research has shown that a little bit of education goes a long way. ⑥Teaching people about nutrition and _____ _____ can help them _____.

Output 1 | 英語で表現しよう

→ 次の日本語訳から [Warm-up] の英文を思い出し，声に出しながら書いてみよう。

1. 多くの若者が誤って自分は**太りすぎ**だと思ってしまう。
2. **遺伝子**は健康や病気に関して重要な働きをする。
3. 肥満や糖尿病は**生活習慣病**の例である。
4. 外食するときは，**栄養**に注意を払う方がいい。
5. バランスのよい**食事**を取るのは，単に食べる量を減らすより健康的だ。

思考力チャレンジ　→次の答えを日本語で言って／書いてみよう。英語で言って／書いてみよう。
・「生活習慣病って何？」と子どもに聞かれたら，どんなふうに説明する？

→ **Output 2** | 英語で表現しよう（39 ページ）

健康・医学

⊙ 各課で見た表現を使って日本語に合う英文を完成し，声に出して言ってみよう。

TOPIC 04 「偽薬」の効果［p.26］

1. 彼らはその薬物（drug）を試験するために多くの**実験**を行ってきた。
   They have conducted ＿＿＿＿＿＿＿＿＿＿＿＿＿＿＿＿＿＿＿＿＿＿＿＿.

2. 患者たちは，その**薬**が偽物であると知っていた。
   The patients were ＿＿＿＿＿＿＿＿＿＿＿＿＿＿＿＿＿＿＿＿＿＿＿.

3. 彼の治療は私の激しい頭痛を**和らげてくれた。**
   His ＿＿＿＿＿＿＿＿＿＿＿＿＿＿＿＿＿＿＿＿＿＿＿＿＿＿＿＿＿＿.

4. それらの**症状**を治療するために新しい薬が使われた。
   A new medicine ＿＿＿＿＿＿＿＿＿＿＿＿＿＿＿＿＿＿＿＿＿＿＿＿.

5. この**現象**は「プラセボ効果」として知られている。
   ＿＿＿＿＿＿＿＿＿＿＿＿＿＿＿＿＿＿＿＿＿ the "placebo effect."

TOPIC 05 脳 死［p.30］

1. 私たちの脳が**機能する**のを止めるとき，私たちは本当に死ぬ。
   We truly die ＿＿＿＿＿＿＿＿＿＿＿＿＿＿＿＿＿＿＿＿＿＿＿＿＿.

2. **生命維持**装置が，その患者を呼吸し続けさせていた。
   The ＿＿＿＿＿＿＿＿＿＿＿＿＿＿＿＿＿＿＿＿＿＿ breathing.

3. それらの**臓器**は，誰か他の人に**移植**できる。
   Those ＿＿＿＿＿＿＿＿＿＿＿＿＿＿＿＿＿＿ someone else.

4. 何年も前には，がんは**致命的な**病気と考え（think）られていた。
   Cancer was ＿＿＿＿＿＿＿＿＿＿＿＿＿＿＿＿＿ many years ago.

5. 彼の**回復**への希望はまだあると，私は信じている。
   I believe ＿＿＿＿＿＿＿＿＿＿＿＿＿＿＿＿＿＿＿＿＿＿＿＿＿＿.

1. 私は誤って自分は**太りすぎ**だと思っていた。

   I mistakenly _____.

2. この病気には**遺伝子**が役割を果たしているだろうか。

   Do _____ this disease?

3. いくつかの**生活習慣病**が，肥満によって引き起こさ（cause）れる。

   Some _____ obesity.

4. もっと**栄養**に注意を払うことが私たちには必要だ。

   It is necessary for _____.

5. 医者は私に，バランスのよい**食事**を維持するように助言した。

   The doctor _____.

【 解答例 】

TOPIC 04　「偽薬」の効果
1. They have conducted <u>a lot of experiments to test the drug</u>.
2. The patients were <u>aware that the medicine was fake</u>.
3. His <u>treatment relieved my severe headache</u>.
4. A new medicine <u>was used to treat those symptoms</u>.
5. <u>This phenomenon is known as</u> the "placebo effect."

TOPIC 05　脳　死
1. We truly die <u>when our brain stops functioning</u>.
2. The <u>life-support system kept the patient</u> breathing.
3. Those <u>organs can be transplanted into</u> someone else.
4. Cancer was <u>thought to be a fatal disease</u> many years ago.
5. I believe <u>(that) there is still hope for his recovery</u>.

TOPIC 06　肥満と健康
1. I mistakenly <u>believed[thought] that I was overweight</u>.
2. Do <u>genes play a role in</u> this disease?
3. Some <u>lifestyle diseases are caused by</u> obesity.
4. It is necessary for <u>us to pay more attention to nutrition</u>.
5. The doctor <u>advised me to maintain a balanced diet</u>.

PICK UP

健康・医学

過去の入試で実際に出題されたトピックに触れて，トピック力の幅を広げよう。

◆睡眠習慣　[**九州大学**]

1.睡眠不足は健康に悪影響を及ぼす。さまざまな病気 2.に対して睡眠が与える影響を調査したところ，1日の睡眠時間が6時間未満だと 3.健康上の問題のリスクが高まると分かった。意識的に 4.不健康な睡眠習慣を断つことが重要だ。

1. insufficient sleep　　　　　　2. the effects of sleep on ～

3. at an increased risk of health problems

4. break unhealthy sleeping habits

◆脳の健康と運動　[**早稲田大学**]

適度な運動は 1.認知能力の低下を抑えてくれる。2.一生を通じて運動することは脳の健康に良い。身体的活動は 3.脳への血流を増やし，酸素や栄養素を運んでくれるのだ。医師は患者に，4.運動を始めるようアドバイスしている。

1. cognitive ability　　　　　　2. exercising throughout your lifetime

3. boost blood flow to your brain　　4. start working out

◆現代人の不安障害　[**新潟大学**]

多くの人が 1.不安障害にかかっており，2.客観的には無害な現象を恐れる。特定のものを怖がったり他人の目を気にしすぎたりするのだ。3.今では不合理とされる恐怖も，古代には生きるために必要とされた 4.人間の自然な感情に起因する。

1. anxiety disorders　　　　　　2. fear objectively harmless phenomena

3. currently unreasonable fears　　4. result from natural human emotions

◆医療における AI の活用　[**岐阜大学**]

> 1.医療における AI とロボット工学の可能性は大きい。AI を活用したアプリは 2.健康的な生活習慣の予防的管理に役立つ。また病気の 3.早期発見やより正確な 4.診断を手助けしてくれるほか，医学研究や医師の訓練など幅広い活用が可能だ。

1. the potential for both AI and robotics in healthcare
2. proactive management of a healthy lifestyle
3. early detection
4. diagnosis

◆感染症　[**東北医科薬科大学**]

> 1.感染症は飛沫感染や接触感染など 2.さまざまな経路で伝染する。感染から最初の症状が現れるまでの間に 3.潜伏期間がある。感染後，実際に発病するかどうかは，侵入した病原体の数や 4.体の免疫防御の状態などで決まる。

1. infectious diseases
2. can be transmitted in many ways
3. incubation period
4. the body's immunological defenses

英作文　出題例　まずは日本語でよいので，自分なりの答えを考えてみよう。

1. ペットを飼うことには，どのようなメリットがあると思いますか。あなたの考えを英語でまとめなさい。[**広島大学**]

2. Discuss one simple change you think the average Japanese person should make in order to live a healthier life.（平均的日本人がより健康的に生活するために変えるとよい，何か簡単なことについて述べなさい）[**奈良県立医科大学**]

3. Some people have pointed to a lack of communication between doctors and patients in Japan. What do you think should be done to solve this problem?
（日本における医師と患者のコミュニケーション不足を指摘する人がいる。この問題を解決するためにどうすべきだと思うか）[**秋田大学**]

TOPIC 07

幸福感の効用

問題集を半分まで解いたとき,「もう半分終わった!」と思えるか「まだ半分もある…」
と思ってしまうか。何でもポジティブに考えられれば,多くのメリットがあるだろう。
ここでは,自分の経験も振り返りながら幸福感の効用について考えてみよう。

‖‖‖ Warm-up | キーワードを知ろう　　　🔊 A 07-1

⤷ 各英文の日本語訳の（ ）にはどんな言葉が入るか,前後関係から考えてみよう。

1. Happiness is a positive emotion that provides us with many **benefits**.
   幸福感は私たちに多くの（　　　　）を与えてくれる前向きな感情だ。

2. It is said that happiness **boosts** our immune system.
   幸福感は私たちの免疫システムを（　　　　）といわれている。

3. Will you be more **productive** when you are happy?
   あなたは幸せなとき,より（　　　　）になりますか。

4. Sometimes you need to **sacrifice** something for happiness.
   時には幸せのために何かを（　　　　）必要がある。

5. The experiment tested the job **performance** of happy people.
   その実験は,幸せな人々の仕事の（　　　　）をテストした。

答え
1. benefit ＝利益；恩恵　　　2. boost ＝高める
3. productive ＝生産的な　　　4. sacrifice ＝犠牲にする
5. performance ＝遂行能力；成果

⤷ 答えを確認したら音声を3回聞き,3回音読しよう。

➔ まずは最後まで読んでみよう。大体の意味が分かったら，**Q** の答えを考えよう。

①Happiness has been shown to provide people with a lot of benefits,
　　　　　～することが示される　　提供する　　　　　　　　　　[　　]
both mental and physical. ②Not only does it reduce stress, but it also
　　　　　(A)　　　　　　　　　　　　　　減らす
makes your heart stronger and boosts your immune system. ③Some
　　　　心臓　　　　　　　[　　]　　　　　免疫
research even indicates that happier people experience less pain
　　　　～さえ　　示す　　　　　　　　　　　　　　　　　　　痛み
5 associated with certain diseases. ④Would you believe that happiness can
　～と結びついた　　ある種の
also make you less productive? ⑤An experiment conducted by
　　　　　　　　　　　[　　]　　　　　　　　　　　　行う
psychologists in Canada revealed that happiness seems to assist with
　　　　　　　　　　　　(B)　　　　　　　　　　　　　助けになる
creative tasks by making people more willing to accept a variety of ideas.
　　　　　　　　　　　　　　～する意志がある 受け入れる
⑥However, this open-mindedness also opens the door to distraction,
　　　　　　　(C)　　　　　　　　　　　(D)　　　　気が散ること
10 making it more difficult for people to focus. ⑦Of course, that doesn't mean
　　　　　　　　　集中する　　　　だからといって～わけではない
we should sacrifice our positive emotions for the sake of performance.
　　　[　　]　　　前向きな　　　　　　～のために　　　　[　　]
⑧After all, happier people live longer, too.
　(E)

Q1：2行目 mental, physical それぞれの benefit について，文中にある例を日本語で説明しよう。

Q2：happiness の言い換えに当たる語句を，文中から2語で抜き出そう。

Q3：＿＿の語句のおおよその意味を前後の文脈から考えて，それぞれ選ぼう。

(A) ア 物理学的な　　　イ 肉体的な
(B) ア 明らかにした　　イ 否定した
(C) ア 心の広さ　　　　イ 不注意さ
(D) ア ～につながる　　イ ～を防ぐ
(E) ア 最後は～ことになる　イ なにしろ～だから

ℓ.1 has been shown to *do*「～することが（これまでに）示されてきた」

ℓ.2 Not only does it reduce ～ ▶否定の副詞句（not only）が文頭に出たために倒置（does it reduce）が起こっている。直後の but it also ... との呼応に注意。it は happiness を指す。

ℓ.6 conducted by ～「～によって行われた」▶前の experiment を修飾する。

ℓ.9 open-mindedness「心の広さ；偏見のなさ」▶人の話に耳を傾けるような態度。

ℓ.10 ..., making it ～「…，そして～にする」▶分詞構文。make it difficult for A to *do*「A が～するのを難しくする」という仮目的語の構文に注意。

ℓ.11 performance「（業務）遂行能力」▶ここでは productivity（生産性）に近い意味。

ℓ.12 After all「なにしろ～だから」▶前に述べたことの理由を言い添える。ここでは、「幸福感を犠牲にすべきというわけではない。なぜなら～だから」というつながり。

【Q の答え】　**Q1**：mental ＝ストレスを減らす。physical ＝心臓を強くし，免疫を高める。ある種の病気の痛みを和らげる。
　　　　　　　　Q2：positive emotions（*ℓ.11*）
　　　　　　　　Q3：(A) イ　(B) ア　(C) ア　(D) ア　(E) イ

Review　｜　確認しよう

➲ 前ページの文章の日本語訳を読んで，（　　）の部分の意味が分かるか，確認しよう。

　①幸福感は人々に，精神的・肉体的の両面で多くの（　　　）を与えてくれることが示されてきている。②幸福感はストレスを（　　　）だけでなく，心臓を強くし，免疫システムを（　　　）。③一部の研究では, 幸福な人ほどある種の病気と（　　　）痛みが少なくなるということさえ示されている。④幸福感のせいで（　　　）でなくなる可能性もあるということを，あなたは信じるだろうか。⑤カナダの心理学者によって行われた実験では，幸福感は人々がさまざまな考えを受け入れる意志を高めることで，創造的な仕事の（　　　）らしいということが明らかになった。⑥しかしまた，この心の広さは気が散ることにつながり，人々が（　　　）のを難しくしてしまう。⑦もちろん，だからといって，（　　　）のために（　　　）感情を（　　　）べきだというわけではない。⑧なにしろ，より幸せな人は，寿命もより長くなるのだから。

(下線部注)
benefits
reduce
boost
associated
productive
assist
focus
performance　positive　sacrifice

➲ 次に前ページの英文の音声を 3 回聞き，3 回音読しよう。

⊙ 以下は前のページで見た文章である。音声を聞きながら空所を埋めよう。

①Happiness has been shown to _____, both mental and physical. ②Not only does it reduce stress, but it also makes your heart stronger _____. ③Some research even indicates that happier people experience less pain associated with certain diseases. ④Would you believe that happiness can _____ _____? ⑤An experiment conducted by psychologists in Canada revealed that _____ creative tasks by making people more willing to accept a variety of ideas. ⑥However, this open-mindedness also opens the door to distraction, making it _____ _____. ⑦Of course, that _____ our positive emotions _____. ⑧After all, happier people live longer, too.

Output 1 | 英語で表現しよう

⊙ 次の日本語訳から Warm-up の英文を思い出し，声に出しながら書いてみよう。

1. 幸福感は私たちに多くの**利益**を与えてくれる前向きな感情だ。
2. 幸福感は私たちの免疫システムを**高める**といわれている。
3. あなたは幸せなとき，より**生産的**になりますか。
4. 時には幸せのために何かを**犠牲にする**必要がある。
5. その実験は，幸せな人々の仕事の**遂行能力**をテストした。

思考力チャレンジ ⊙ 次の答えを日本語で言って／書いてみよう。英語で言って／書いてみよう。

・ものの見え方・感じ方が精神状態に影響された経験があれば，思い出してみよう。

⊙ Output 2 | 英語で表現しよう（54 ページ）

TOPIC 08

クリティカルシンキング

スマホ1つあれば，最新スイーツから宇宙の未来まであらゆる情報が手に入る時代。

だからこそ情報の真偽を見分けるリテラシーが求められる。先に見た確証バイアス

などの落とし穴にも注意しながら，情報時代の恩恵を最大限に活用したい。

▌▌▌ Warm-up ┃ キーワードを知ろう 　🔊 A 08-1

➔ 各英文の日本語訳の（　　）にはどんな言葉が入るか，前後関係から考えてみよう。

1. **Critical** thinking allows you to make better judgments.
   （　　　　）思考は，よりよい判断をさせてくれる。

2. Try to question your **stereotypes** and think objectively.
   自分の（　　　　）を疑い，客観的に考えるように努めなさい。

3. His conclusion was not based on **evidence**.
   彼の結論は（　　　　）に基づいていなかった。

4. It is important to be able to **distinguish** between facts and opinions.
   事実と意見を（　　　　）ことができるのは重要だ。

5. I am willing to accept the **consequences** of my decision.
   私は自分で決めたことの（　　　　）を受け入れるつもりだ。

答え
1. critical ＝批判的な　　　　　2. stereotype ＝固定観念；ステレオタイプ
3. evidence ＝証拠；根拠　　　　4. distinguish ＝区別する
5. consequence ＝結果

➔ 答えを確認したら音声を3回聞き，3回音読しよう。

⊙ まずは最後まで読んでみよう。大体の意味が分かったら，**Q** の答えを考えよう。

①Critical thinking is the analysis of an issue in order to form a
[　　]　　　　思考　　　　　　　分析　　　　　　問題

judgment about it. ②It leads people to logical and informed conclusions
判断　　　　　　　　導く　　　　　論理的な　　情報に基づいた　　結論

about what to think or how to act. ③Critical thinkers set aside and
(A)

question their stereotypes to try to examine an issue objectively. ④They
疑う　　　　　[　　]　　　　　　　吟味する　　　　　客観的に

5　make careful considerations based on facts and evidence rather than
検討　　　～に基づいて　　　　　[　　]　　～よりもむしろ

gut feelings. ⑤In the Information Age, critical thinking is more
(B)　　　　　　　　　　時代

important than ever. ⑥It is quite easy to deceive thousands of people on
今までにないほど　　　　　　　　だます

social media, as many do not make the effort to distinguish between fake
ソーシャルメディア　(C) 多くの人　　　　　　　　　[　　]

news and authentic information. ⑦Even just a few questions could
(D)

10　prevent them from being taken in. ⑧The consequences of the failure to
防ぐ　　　　　　(E)　　　　　　　　[　　]　　～するのを怠ること

think critically are serious, affecting everything from perspectives about
影響する　　　　　　　　考え方

climate change to presidential election results.
大統領の

Q1：6 行目 the Information Age になって初めて登場したものの代表例として挙げられ
ているものは何か。文中から抜き出そう。

Q2：10 行目 the failure to think critically の具体例を，文中から抜き出そう。

Q3：＿＿＿ の語句のおおよその意味を前後の文脈から考えて，それぞれ選ぼう。

(A) ア　あとに取っておく　　イ　とらわれない

(B) ア　直感　　　　　　　イ　共感

(C) ア　～なので　　　　　イ　～するように

(D) ア　疑わしい　　　　　イ　事実に基づく

(E) ア　だまされる　　　　イ　気づかれる

ℓ.2 　S leads O to ～「S によって O は～に達することができる」

ℓ.3 　set aside ～「～にとらわれない；～を棚上げする」▶「脇に置く」から。

ℓ.5 　evidence「（何かを正しいと判断するための）根拠；証拠」

ℓ.8 　distinguish between A and B「A と B を区別する」

ℓ.9 　Even just a few questions could prevent ～「ほんのいくつかの疑問でさえ～
　　　を防ぎ得るだろう」▶主語に仮定の意味を含む仮定法過去の文。「実際には何の疑問も抱か
　　　ない」ということを前提とする。前文の「～を区別する努力をしない」を受ける。

ℓ.10 　take in ～「～をだます」▶be taken in と受動態で用いることが多い。
　　　the failure to *do*「～するのを怠ること」▶fail to *do*（～するのを怠る）の名詞形。

ℓ.11 　..., affecting ～「…，そして～に影響する」▶分詞構文。

【Q の答え】　**Q1**：social media（ℓ.8）
　　　　　　　Q2：many do not make the effort to distinguish ... information（ℓ.8）
　　　　　　　Q3：(A) イ　(B) ア　(C) ア　(D) イ　(E) ア

‖‖‖　Review　│　確認しよう

⊙ 前ページの文章の日本語訳を読んで，（　　）の部分の意味が分かるか，確認しよう。

　①（　　）思考［クリティカルシンキング］とは，問題についての（　　）を
　　　critical　　　　　　　　　　　　　　　　　　　　　　　　　　　　　judgment
形成するために問題を分析することである。②それは，どのような考えを持ち，ど
う行動すればよいかについて，論理的で情報に基づいた（　　）に人々を導いて
　　　　　　　　　　　　　　　　　　　　　　　　　　　conclusions
くれる。③批判的に考える人は，問題を（　　）吟味するために，自分の（　　）
　　　　　　　　　　　　　　　　　　objectively　　　　　　　　　　　　stereotypes
にとらわれず，疑ってかかる。④彼らは，直感よりもむしろ事実と（　　）に基づ
　　　　　　　　　　　　　　　　　　　　　　　　　　　　　　　evidence
いて慎重な検討を行う。⑤情報時代には，批判的思考がこれまでよりも重要だ。⑥ソー
シャルメディアで何千人もの人を（　　）のは全く簡単だ。多くの人は偽のニュー
　　　　　　　　　　　　　　　　deceive
ス［フェイクニュース］と信頼できる情報を（　　）努力をしないからだ。⑦ほん
　　　　　　　　　　　　　　　　　　　　distinguish
のいくつか疑問を抱くだけでも，彼らはだまされずにすむだろうに。⑧批判的に考
えない態度がもたらす（　　）は深刻であり，気候変動に関する考え方から大統
　　　　　　　　　　　consequences
領選挙の結果まで，あらゆることに（　　）のである。
　　　　　　　　　　　　　　　　　affect

⊙ 次に前ページの英文の音声を 3 回聞き，3 回音読しよう。

⊙ 以下は前のページで見た文章である。音声を聞きながら空所を埋めよう。

①_____ of an issue in order to form a judgment about it. ②It leads people to logical and informed conclusions about what to think or how to act. ③Critical thinkers _____ to try to examine an issue objectively. ④They make careful considerations _____ rather than gut feelings. ⑤In the Information Age, critical thinking _____. ⑥It is quite easy to deceive thousands of people on social media, as many do not make _____ fake news and authentic information. ⑦Even _____ them from being taken in. ⑧The _____ to think critically are serious, affecting everything from perspectives about climate change to presidential election results.

Output 1 | 英語で表現しよう

⊙ 次の日本語訳から Warm-up の英文を思い出し，声に出しながら書いてみよう。

1. **批判的な**思考は，よりよい判断をさせてくれる。
2. 自分の**固定観念**を疑い，客観的に考えるように努めなさい。
3. 彼の結論は**根拠**に基づいていなかった。
4. 事実と意見を**区別する**ことができるのは重要だ。
5. 私は自分で決めたことの**結果**を受け入れるつもりだ。

| **思考力チャレンジ** | ⊙ 次の答えを日本語で言って／書いてみよう。英語で言って／書いてみよう。 |

・偽の情報を見破るために心がけるべきだと思うことを２つ挙げてみよう。

⊙ Output 2 | 英語で表現しよう（54 ページ）

思想・人生③

TOPIC 09
意思決定の方法

右へ行くか左へ行くか——決断を迫られたとき，あなたはどうするだろう。理詰めで

答えを出すか, 直感に頼るか, あるいはコインを投げるか。唯一の正しい方法はない。

最も大切なのは，結果を受け止め，次に生かしていく姿勢かもしれない。

Warm-up ｜ キーワードを知ろう　　　　🔊 A 09-1

⊙ 各英文の日本語訳の（　）にはどんな言葉が入るか，前後関係から考えてみよう。

1. Deciding which college to attend is a **challenging** question for us.
   どの大学に行くかを決めることは，私たちにとって（　　　）問題だ。

2. You have two **options**: go to college or get a job.
   あなたには 2 つの（　　　）がある。大学へ行くか，就職するかだ。

3. We tried our best, but the **outcome** was not favorable.
   私たちは最善を尽くしたが，（　　　）は良好ではなかった。

4. Life is interesting because it is full of **uncertainty** and possibility.
   人生は，（　　　）と可能性に満ちているから面白い。

5. I relied on my **intuition** to decide which way to choose.
   どちらの道を選ぶかを決めるのに，私は自分の（　　　）に頼った。

答え
1. challenging ＝困難な；大変な　　2. option ＝選択肢
3. outcome ＝結果　　　　　　　　　4. uncertainty ＝不確実性；不確かさ
5. intuition ＝直感

⊙ 答えを確認したら音声を 3 回聞き，3 回音読しよう。

⊙ まずは最後まで読んでみよう。大体の意味が分かったら，**Q** の答えを考えよう。

①What do you do <u>in the face of</u> challenging questions, such as which
　　　　　　　　　　　　(A)　　　　　　[　　]
college to attend or which career to choose? ②You could take an
　　　　　　通 う　　　　　　　　職 業　　　　　　　　～することもできる
analytical approach by listing the <u>pros and cons</u> of all your options in
分析的な　　取り組み方　　　　　　　　(B)　　　　　　　　　　[　　]
order to make an informed decision. ③Certainly, this method would
　　　　　　　　　情報に基づいた　　　　　確かに
5　reduce risk and help <u>put your mind at ease</u>, but you shouldn't fool
　　減らす　危険性　　役立つ　　　　　　(C)　　　　　　　　　　　　　　　　　だます
yourself into thinking that the outcome would necessarily be favorable.
　　　　　　　　　　　　　　　　　[　　]　　　　　　必 ず　　　　　良好な
④We can never completely <u>eliminate</u> uncertainty when dealing with the
　　　　　　　　完全に　　　　(D)　　　　[　　]　　　　～に対処する
future. ⑤Sometimes, we lack the information required to arrive at a
　　　　　　　　　　　　　欠く　　　　　　　　必要とする
logical conclusion. ⑥If you're lost in the woods and come to a fork in the
　　　　　　　　　　　　　　　道に迷って　　　　　　　　　　分かれ道
10　path, sometimes you should set <u>reason</u> aside and rely on your intuition.
　　　　　　　　　　　　　　　　　　(E)　　　　　　～に頼る　　　　[　　]
⑦Your experiences may help you sense the best way forward.
　　　　　　　　　　　　　　　　　　感じ取る　　　　　　　前方への

Q1：4 行目 an informed decision と同様の意味の語句を文中から 3 語で抜き出そう。

Q2：4 行目 this method は何を指すか，日本語で説明しよう。

Q3：＿＿＿の語句のおおよその意味を前後の文脈から考えて，それぞれ選ぼう。

　　　(A) ア　～に直面して　　　　イ　～を探し求めて

　　　(B) ア　よい点と悪い点　　　イ　気に入っているところ

　　　(C) ア　簡単に考える　　　　イ　安心する

　　　(D) ア　無視する　　　　　　イ　排除する

　　　(E) ア　理由　　　　　　　　イ　理性

■─ ポ｜イ｜ン｜ト ─────────────────────────────

ℓ.1　challenging「（やりがいはあるが）困難な；大変な」▶challenge は「〜の能力を試す」で，challenging は「自分の能力を試されるような」といった意味。

ℓ.2　could「〜することもできる」▶現在の意味。ℓ.4 の would も現在の意味。

ℓ.4　Certainly, 〜 , but ...「確かに〜だが，しかし…」▶譲歩の表現。

ℓ.5　put 〜 at ease「〜を安心させる；気楽にさせる」
　　　fool O into *doing*「O をだまして〜させる」▶fool *oneself* で「思い違いをする」。

ℓ.6　outcome「結果」▶「（出てみて初めて分かる）事の結末」。前課で出た consequence は「（ある事態から引き起こされる）よくない結果」。result が最も一般的な「結果」。

ℓ.8　the information required to *do*「〜するために必要とされる情報」

ℓ.10　set 〜 aside「〜にとらわれない；〜を棚上げする」▶前課（p.47 ℓ.3）参照。
　　　reason「理性」▶直後の intuition（直感）との対比に注意。

【Q の答え】　**Q1**：a logical conclusion（ℓ.8）
　　　　　　　Q2：すべての選択肢のよいところと悪いところを列挙することによる分析的な取り組み方。
　　　　　　　Q3：(A) ア　(B) ア　(C) イ　(D) イ　(E) イ

───

‖‖‖ Review ｜ 確認しよう

⊙ 前ページの文章の日本語訳を読んで，（　　　）の部分の意味が分かるか，確認しよう。

　①どの大学に通うか，どの（　　　）を選ぶかといった（　　　）問題に直面したとき，あなたはどうするだろうか。②（　　　）決定を下すため，すべての（　　　）のよい点と悪い点を列挙することによって，（　　　）取り組み方を選ぶこともできる。③確かに，このやり方は危険性を減らし，気持ちを安心させるのに役立つだろうが，（　　　）が必ず良好であるだろうなどと思い違いをするべきではない。④未来に対処するとき，私たちは（　　　）を完全に排除することはけっしてできない。⑤時には，論理的な結論に至るために必要とされる情報を（　　　）こともある。⑥森で道に迷って分かれ道に来たとき，時には理性にとらわれず（　　　）に頼る方がよいこともある。⑦あなたの経験が，前に進む最善の道を（　　　）のに役立つかもしれないのだ。

（① career　② informed／options　analytical　③ outcome　④ uncertainty　⑤ lack　⑥ intuition　⑦ sense）

⊙ 次に前ページの英文の音声を 3 回聞き，3 回音読しよう。

➔ 以下は前のページで見た文章である。音声を聞きながら空所を埋めよう。

①What do you do _____, such as which college to attend or which career to choose? ②You could take an analytical approach by listing the pros and _____ in order to make an informed decision. ③Certainly, this method would reduce risk and _____, but you shouldn't fool yourself into thinking that _____ favorable. ④We can _____ when dealing with the future. ⑤Sometimes, we lack _____ a logical conclusion. ⑥If you're lost in the woods and come to a fork in the path, sometimes you should set reason aside _____. ⑦Your experiences may help you sense the best way forward.

Output 1 | 英語で表現しよう

➔ 次の日本語訳から Warm-up の英文を思い出し，声に出しながら書いてみよう。

1. どの大学に行くかを決めることは，私たちにとって**困難な**問題だ。
2. あなたには2つの**選択肢**がある。大学へ行くか，就職するかだ。
3. 私たちは最善を尽くしたが，**結果**は良好ではなかった。
4. 人生は，**不確実性**と可能性に満ちているから面白い。
5. どちらの道を選ぶかを決めるのに，私は自分の**直感**に頼った。

思考力チャレンジ ➔ 次の答えを日本語で言って／書いてみよう。英語で言って／書いてみよう。

・理性より直感で決める方がよいのはどんなときだと思う？　そんな経験はある？

➔ Output 2 | 英語で表現しよう（55ページ）

思想・人生

⊙ 各課で見た表現を使って日本語に合う英文を完成し，声に出して言ってみよう。

TOPIC 07   幸福感の効用 [p.42]

1. 幸福感はあなたにどんな**利益**［**恩恵**］を与えることができますか。

   What ＿＿＿＿＿＿＿＿＿＿＿＿＿＿＿＿＿＿＿＿＿＿＿＿＿＿＿＿ with?

2. 幸福感は私たちの仕事の**遂行能力**を**高めてくれる**らしい。

   Happiness ＿＿＿＿＿＿＿＿＿＿＿＿＿＿＿＿＿＿＿＿＿＿＿＿＿＿＿＿ .

3. 幸福感はあなたをより**生産的**にすることができると思いますか。

   Do you ＿＿＿＿＿＿＿＿＿＿＿＿＿＿＿＿＿＿＿＿＿＿＿＿＿＿＿＿ ?

4. 彼はお金のためにすべてを**犠牲にした**。

   He ＿＿＿＿＿＿＿＿＿＿＿＿＿＿＿＿＿＿＿＿＿＿＿＿＿＿＿＿＿＿ .

5. **だからといって**，私たちがその考えを受け入れるべきという**わけではない**。

   That ＿＿＿＿＿＿＿＿＿＿＿＿＿＿＿＿＿＿＿＿＿＿＿＿ the idea.

TOPIC 08   クリティカルシンキング [p.46]

1. **批判的**思考は，あなたを論理的な結論に導いてくれる。

   ＿＿＿＿＿＿＿＿＿＿＿＿＿＿＿＿＿＿＿＿＿＿＿＿＿＿ conclusions.

2. 彼女はいつも自分の**固定観念**を疑い，客観的に考える。

   She always ＿＿＿＿＿＿＿＿＿＿＿＿＿＿＿＿＿＿＿＿＿＿＿＿＿＿ .

3. 事実と**根拠**に基づいて判断をするように努めなさい。

   Try ＿＿＿＿＿＿＿＿＿＿＿＿＿＿＿＿＿＿＿＿＿＿＿＿＿＿＿＿＿ .

4. 彼らは偽のニュースと信頼できる情報を**区別する**ことができない。

   They ＿＿＿＿＿＿＿＿＿＿＿＿＿＿＿＿＿＿＿ authentic information.

5. それらの間違いの**結果**は，とても深刻だった。

   ＿＿＿＿＿＿＿＿＿＿＿＿＿＿＿＿＿＿＿＿＿＿ were very serious.

意思決定の方法 ［p.50］

1.（やりがいはあるが）**困難な**問題に対処するのは面白い。

It is _____ .

2. まず，あなたのすべての**選択肢**を書き並べるべきです。

You _____ first.

3. 私は最善を尽くし，そして**結果**は良好だった。

I tried _____ .

4. このやり方は，あなたが危険性と**不確実性**を減らすのに役立つだろう。

This method will _____ .

5. 私たちは，情報を欠いているときには**直感**に頼らねばならない。

We have to _____ information.

【解答例】

TOPIC 07　**幸福感の効用**

1. What benefits can happiness provide you with?
2. Happiness seems to boost our job performance.
3. Do you think happiness can make you more productive?
4. He sacrificed everything for (the sake of) money.
5. That doesn't mean we should accept the idea.

TOPIC 08　**クリティカルシンキング**

1. Critical thinking leads you to logical conclusions.
2. She always questions her stereotypes and thinks objectively.
3. Try to make[form] a judgment based on facts and evidence.
4. They can't distinguish between fake news and authentic information.
5. The consequences[results] of those mistakes were very serious.

TOPIC 09　**意思決定の方法**

1. It is interesting to deal with challenging questions[problems].
2. You should list all your options first.
3. I tried my best and the outcome[result] was favorable[good].
4. This method will help you reduce risk and uncertainty.
5. We have to rely on our intuition when we lack information.

思想・人生

過去の入試で実際に出題されたトピックに触れて，トピック力の幅を広げよう。

◆努力と才能　[熊本大学]

人生においては 1.努力がきわめて重要だ。才能があっても，努力は継続しなければ無駄になり，2.技能は向上を止めてしまう。3.努力すれば才能は技能になり，それと同時に，4.努力によって技能は何かを生み出せるようになるのだ。

1. efforts count tremendously　　　2. your skills stop improving

3. with effort, talent becomes skill　　4. effort makes skill productive

◆ステレオタイプ（固定観念）のわな　[慶應義塾大学]

私たちは外的特徴によって 1.人々をグループに分類する。ステレオタイプは 2.人についての情報を解釈するやり方を左右し，3.思考や行動に影響を与える。ステレオタイプをなくすには，4.個人個人に基づいて人を判断する必要がある。

1. categorize people into groups　　2. interpret information about people

3. influence our thinking and behavior　4. on a person-by-person basis

◆リーダーとフォロワー　[立命館大学]

1.リーダーのよい考えは支持し，悪い考えには反対するような 2.フォロワーがいないリーダーは無力だ。3.リーダーシップの特性にばかり注目することは危険で，誰もが時には 4.チームを支えるメンバーの役割も果たすべきだ。

1. supporting leaders' good ideas

2. a leader without followers is powerless

3. a singular focus on leadership traits

4. supportive team members

◆感情と論理　[**筑波大学**]

> ₁感情はうそをつかない。₂論理よりもはるかに強力だ。世界は論理的に動くものだが, 人は ₃完全に論理的に行動することはできない。感情にも理由はあるし, 論理的行動にも感情の裏付けが重要だ。両者は ₄相いれないものではない。

1. emotions do not lie
2. much more powerful than logic
3. behave entirely logically
4. not mutually exclusive

◆健全な自尊心　[**鹿児島大学**]

> ₁健全な自尊心は人生で成功するために極めて大切だ。それは, 家族や周囲の人々との関係に基づいて, ₂幼少期に形成される。₃自分に満足し自信を持つことができなくても, ₄環境や自分の行動しだいで自尊心を育てることができる。

1. healthy self-esteem
2. formed in early childhood
3. feel good and confident about yourself
4. depending on circumstances and what we do

英作文 / 出題例　まずは日本語でよいので, 自分なりの答えを考えてみよう。

1. 幸せな人生を送るために, あなたが重要だと思うものを, その理由を含めて英語で書きなさい。[**東北大学**]

2. Nowadays we get a lot of news from social media such as Facebook or LINE. Can you trust news from social media? Explain your thinking.（ソーシャルメディアから得られるニュースは信頼できるか。あなたの意見を述べなさい）[**新潟県立大学**]

3. Knowledge gained from books or knowledge gained from experience — which do you think is more important in your life? Why?（本から得た知識と経験から得た知識のどちらが人生で重要だと思うか。それはなぜか）[**長崎大学**]

TOPIC 10

多言語環境

小さな子どもはとにかく物覚えがいい。周囲で複数の言語が話される多言語環境で育てば，それらの言語を自由に使えるようにもなる。複数の言葉を話せたら，コミュニケーションできる相手が広がるほかに，どんなメリットがあるのだろうか。

Warm-up │ キーワードを知ろう   🔊 A 10-1

→ 各英文の日本語訳の（　）にはどんな言葉が入るか，前後関係から考えてみよう。

1. Consider the **context** when you judge someone's behavior.
   誰かの行動を評価するときは（　　　）を考慮に入れなさい。

2. The Japanese word "mizu" **corresponds** to "water" in English.
   日本語の単語「水」は，英語の "water" に（　　　）。

3. She is a **bilingual** speaker of English and Japanese.
   彼女は英語と日本語の（　　　）話者だ。

4. Young children are **capable** of understanding others' feelings.
   幼い子どもは他人の感情を理解することが（　　　）。

5. Try to look at the problem from a child's **perspective**.
   その問題を子どもの（　　　）から見ようとしてみなさい。

答え〈 1. context ＝前後関係；背景　　2. correspond ＝相当する
3. bilingual ＝ 2 言語を話せる　　4. capable ＝できる
5. perspective ＝視点；見方

→ 答えを確認したら音声を 3 回聞き，3 回音読しよう。

⊙ まずは最後まで読んでみよう。大体の意味が分かったら，**Q** の答えを考えよう。

①Speaking more than one language doesn't only make it easier to
話すこと　　　　　　　　　　　　　　　　～だけではない

communicate with a certain group of people. ②It also makes it easier to
　　　　　　　　(A)　　　　　　　　　　　　　　　　　～もまた

communicate with people in general. ③Researchers conducted an
　　　　　　　　　　　　　　一　般　の　　　　　　　　　　　　行　う

experiment in which young children had to consider both the context
実　験　　　　　　　　　　　　　　　　　　　考慮に入れる　　　　　　[　　]

5　and content of a person's request. ④Children in the experiment could see
　　内　容　　　　　　頼みごと

a set of three cars of different sizes: small, medium, and large. ⑤An adult
セット　　　　　　　　　　　　　　　　　　　中くらいの

would ask a child to move the small car. ⑥However, the adult was in a
～することになっていた

position where they were unable to see the smallest of the three cars.
位　置　　　　　　　　　　できない

⑦Therefore, the child had to determine that from where the adult stood,
したがって　　　　　　　　　(B)　　　　　　　～する場所

10　"small" corresponded to the medium-sized car. ⑧In general, bilingual
　　　　[　　]　　　　　　　　　　　　　　　　　　　一般的にいって　　[　　]

children were more capable of understanding the adult's perspective
　　　　　　　　　　[　　]　　　　　　　　　　　　　　　　　　[　　]

than were monolingual children.
　　　　(C)

Q1：文中で述べられている実験の状況は次のどちらか，１つ選ぼう。

ア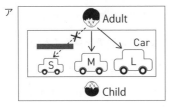　イ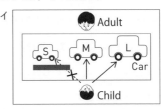

Q2：＿＿＿の語句のおおよその意味を前後の文脈から考えて，それぞれ選ぼう。

(A) ア　確信した　　　　　イ　ある特定の

(B) ア　見極める　　　　　イ　決意する

(C) ア　多言語を話す　　　イ　１言語を話す

■─┌─ポ─イ─ン─ト─┐

ℓ.1 make it easier to *do*「〜することをより容易にする」▶SVOC の文型で，it は仮目的語。真の目的語は後ろの不定詞 to communicate 〜。

ℓ.2 a certain group of people ▶ここでは，自分の話せる言語が通じる人たちのこと。

ℓ.3 people in general ▶話す言語と関係なく「誰とであれ」ということ。この文章では，「複数言語を話す能力」→「複数の視点で考える能力」→「言葉だけでなく一般的に他者の立場を理解してコミュニケーションする能力」という関係が示唆されている。

ℓ.7 ask O to *do*「O に〜するよう頼む」▶*ℓ.5* の request の具体的内容。

ℓ.8 they「その人は［が］」▶前行の the adult を指す。性別不明の単数名詞を指す用法。

ℓ.9 determine that 〜 ▶that 節内の主語は "small"，述語動詞は corresponded。

ℓ.12 than <u>were</u> monolingual children = than monolingual children <u>were (capable 〜)</u> ▶than の後ろで主語と be 動詞が倒置されていることに注意。

【Q の答え】 **Q1**：ア ▶子どもからは車が３台見え，大人は最も小さい車が見えない。(第④⑥文)
　　　　　　 Q2：(A) イ　(B) ア　(C) イ ▶mono- は「1」，bi- は「2」の意味。

Review ┃ 確認しよう

➔ 前ページの文章の日本語訳を読んで，(　　)の部分の意味が分かるか，確認しよう。

　①複数の［←１つより多い］言語を話すことは，ある特定のグループの人々とやりとりするのを容易にするだけではない。②それはまた，一般の人々とやりとりすることも容易にする。③研究者たちは，幼い子どもが人の頼みごとの(　　)と
context
(　　)の両方を(　　)なければならないような(　　)を行った。④(　　)
content　　　　　　 consider　　　　　　experiment　　 experiment
での子どもたちは，異なる大きさの３台の車のセットが見えていた。小・中・大(の
３種類)だ。⑤１人の大人が１人の子どもに，小さい車を動かすように頼むことになっていた。⑥しかし，大人は，３台のうちの最も小さい車を見ることが(　　)位置
unable
にいた。⑦(　　)，子どもは，大人の立っている場所からは「小さい」というの
therefore
が中くらいの大きさの車に(　　)ということを見極めなければならなかった。
correspond
⑧一般的にいって，(　　)子どもは，１言語しか話さない子どもよりも，大人の
bilingual
(　　)をよりよく理解することが(　　)。
perspective　　　　　　　　　　　　　 capable

➔ 次に前ページの英文の音声を３回聞き，３回音読しよう。

🔊 A 10-2

⊙ 以下は前のページで見た文章である。音声を聞きながら空所を埋めよう。

①Speaking more than one language _____ to communicate with a certain group of people. ②It also makes it easier to _____. ③Researchers conducted an experiment in which young children had to consider _____ of a person's request. ④Children in the experiment could see a set of three cars of different sizes: small, medium, and large. ⑤An adult would ask a child to move the small car. ⑥However, the adult was in _____ _____ to see the smallest of the three cars. ⑦Therefore, the child had to determine that from where the adult stood, "small" _____ _____ car. ⑧In general, _____ of _____ _____ than were monolingual children.

Output 1 | 英語で表現しよう

⊙ 次の日本語訳から Warm-up の英文を思い出し，声に出しながら書いてみよう。

1. 誰かの行動を評価するときは**前後関係［背景］**を考慮に入れなさい。
2. 日本語の単語「水」は，英語の "water" に**相当する**。
3. 彼女は英語と日本語の**2言語を話せる**話者だ。
4. 幼い子どもは他人の感情を理解することが**できる**。
5. その問題を子どもの**視点**から見ようとしてみなさい。

┌───┐
│ **思考力チャレンジ** ⊙ 次の答えを日本語で言って／書いてみよう。英語で言って／書いてみよう。
│ ・複数の言語を話せることのメリットを2つ，挙げてみよう。
└───┘

⊙ Output 2 | 英語で表現しよう（70 ページ）

TOPIC 11

言葉は変わる

いつも友達と使っている言葉が親や先生に通じなかったことはないだろうか。若者
は新しい言葉を柔軟に使いこなし，大人はそれに違和感を覚える。言語はそうして
絶えず変化してきた。「古文」だって 1,000 年前には「現代文」だったのだ。

‖ Warm-up │ キーワードを知ろう　　　　　🔊 A 11-1

➡ 各英文の日本語訳の（　）にはどんな言葉が入るか，前後関係から考えてみよう。

1. Change is **inevitable** because nothing stays the same forever.
   何物も永遠に同じままではいないので，変化は（　　　）ものだ。

2. Language **evolves** to reflect changes in society.
   言語は，社会の変化を反映して（　　　）。

3. Youth slang is an interesting **linguistic** phenomenon.
   若者のスラング［俗語］は，興味深い（　　　）現象だ。

4. **Conservative** people are critical of language change.
   （　　　）人々は，言語の変化に対して批判的だ。

5. You shouldn't **criticize** a new idea just because it isn't traditional.
   伝統的でないというだけで，新しい考えを（　　　）べきではない。

答え〈　1. inevitable ＝避けられない　　2. evolve ＝進化する；徐々に発展する
　　　3. linguistic ＝言語の　　　　　4. conservative ＝保守的な
　　　5. criticize ＝批判する

➡ 答えを確認したら音声を 3 回聞き，3 回音読しよう。

⊙ まずは最後まで読んでみよう。大体の意味が分かったら，**Q** の答えを考えよう。

①As I get older, I'm getting more distressed when I realize English is
〜につれて　　　　　　　　　　　　　　(A)　　　　　　　　　　認識する

changing. ②I don't like it. ③Of course, English is a living language, and

for a language to live means that change is inevitable. ④In our youth, we
　　　　　　　　　　意味する　　　　　　　　　　[　]　　　　　　若い頃

tend not to notice how language evolves — ⑤after all, we have yet to
傾向がある　　　　気づく　　　　　　　　　　[　]　　　　そもそも　　　(B)

5　master our native tongues, so linguistic variation is not experienced as a
　　習得する　　　　母　語　　　　　[　]　　　変異　　　　　　経験する

shock. ⑥However, when we're older, we become conservative, and we
　　　　　　　　　　　　　　　　　　　　　　　　[　]

criticize what does not follow tradition. ⑦These days, I'm especially
[　]　　　　　　　　　　(C)　　　　　　　　　　　　　　　　特 に

critical. ⑧The Internet has accelerated the rate of language change faster
批判的な　　　　　　　　　(D)　　　　　　速度

than ever before. ⑨I notice new and unfamiliar words each and every
今までにないほど　　　　　　　　　　よく知らない

10　day. ⑩I wonder if speakers of English in the future will be unable to
　　　　　〜するだろうか

make sense of my English at all.
　　(E)　　　　　　　　　全 く

Q1：3 行目 for a language to live の意味は次のどちら？

　　ア　言語が生きているということは　　　イ　言語が生きているためには

Q2：5 行目 linguistic variation とほぼ同じ意味の語句を，後ろの文中から 2 語で抜き出そう。

Q3：_____の語句のおおよその意味を前後の文脈から考えて，それぞれ選ぼう。

　　(A) ア　心を痛めて　　　　　イ　安心して

　　(B) ア　もう〜している　　　イ　まだ〜していない

　　(C) ア　作る　　　　　　　　イ　従う

　　(D) ア　加速する　　　　　　イ　押しとどめる

　　(E) ア　理解する　　　　　　イ　ばかにする

ℓ.1　be distressed「苦悩する；心を痛める」

ℓ.4　tend not to *do*「～しない傾向がある」▶不定詞の否定 not to *do* に注意。

　　　after all「そもそも；だって～だから」▶直前で述べたことの理由を補足する。

　　　have yet to *do*「まだ～していない」▶have to *do* + yet（まだこれから）で，「まだこれから～しなければならない」が元の意味。not などはないが否定の意味になる。

ℓ.9　than ever before「今までのいつよりも；今までにないほど」

　　　each and every day「毎日毎日」▶every day の強調。

ℓ.11　make sense of ～「～を理解する」▶make sense だけだと「意味が通じる」。

　　　at all「全く」▶前行の unable（～できない）の否定の意味を強調する。

【Q の答え】　**Q1**：ア　▶名詞的用法の不定詞。for ～は不定詞の意味上の主語。

　　　　　　　Q2：language change（ℓ.8）

　　　　　　　Q3：(A) ア　　(B) イ　　(C) イ　　(D) ア　　(E) ア

Review　｜　確認しよう

➔ 前ページの文章の日本語訳を読んで，（　　）の部分の意味が分かるか，確認しよう。

　①年を取るにつれ，私は，英語が変化していることを認識したときに（以前よりも）より苦悩するようになっている。②私はそれ［英語が変化していること］が気に入らない。③もちろん，英語は生きた言語であり，そして，言語が生きているということは，変化が（　　　　）ことを意味する。④私たちは若い頃には，言語がどのように（　　　）かに気づかない傾向がある──⑤そもそも，（　　　）をまだ（　　　）
<small>inevitable</small>
<small>evolve</small>　<small>native tongue</small>　<small>master</small>
ていないので，（　　　）（　　　）がショックとして経験されることはないのだ。
<small>linguistic</small>　<small>variation</small>
⑥しかし，年を取ると私たちは（　　　　）になり，伝統に従っていないものを（　　　）。
<small>conservative</small>　<small>criticize</small>
⑦最近では，私は特に（　　　）になっている。⑧インターネットが，言語変化の速
<small>critical</small>
度をこれまでにないほど速く加速しているのだ。⑨私は毎日毎日,新しくて（　　　）
<small>unfamiliar</small>
単語に気づく。⑩未来の英語の話し手は私の英語を全く理解できないのではないだろうか。

➔ 次に前ページの英文の音声を 3 回聞き，3 回音読しよう。

→ 以下は前のページで見た文章である。音声を聞きながら空所を埋めよう。

　①As I get older, I'm getting more distressed when I realize English is changing. ②I don't like it. ③Of course, English is a living language, and for a language to live ＿＿＿＿＿＿＿＿＿＿＿＿. ④In our youth, we tend not to ＿＿＿＿＿＿＿＿＿＿＿ — ⑤after all, we have yet to master our native tongues, so ＿＿＿＿＿＿＿＿＿＿＿ as a shock. ⑥However, when we're older, ＿＿＿＿＿＿＿＿＿＿＿, and we ＿＿＿ ＿＿＿＿＿＿＿＿＿＿ tradition. ⑦These days, I'm especially critical. ⑧The Internet has ＿＿＿＿＿＿＿＿＿＿ faster than ever before. ⑨I notice new and unfamiliar words each and every day. ⑩I wonder if speakers of English in the future will be unable to ＿＿＿＿＿＿＿＿＿ ＿＿＿＿ at all.

Output 1 | 英語で表現しよう

→ 次の日本語訳から Warm-up の英文を思い出し，声に出しながら書いてみよう。

1. 何物も永遠に同じままではいないので，変化は**避けられない**ものだ。
2. 言語は，社会の変化を反映して**進化する**。
3. 若者のスラング［俗語］は，興味深い**言語の**現象だ。
4. **保守的な**人々は，言語の変化に対して批判的だ。
5. 伝統的でないというだけで，新しい考えを**批判する**べきではない。

| 思考力チャレンジ | → 次の答えを日本語で言って／書いてみよう。英語で言って／書いてみよう。 |

・新しい単語はなぜ生まれるのか。新語が生まれる状況を2つ，想像してみよう。

→ Output 2 | 英語で表現しよう（70 ページ）

TOPIC 12

スマイルの意味

笑顔には人を引きつける力がある。その力を知っているからこそ人は笑顔にさまざまな意味を込めるが，必ずしも思い通りに気持ちが伝わるとは限らない。コミュニケーションの複雑さを知ることは，コミュニケーション上達の入り口でもある。

‖‖ Warm-up ｜ キーワードを知ろう

🔊 A 12-1

➔ 各英文の日本語訳の（　）にはどんな言葉が入るか，前後関係から考えてみよう。

1. Body language is a kind of **nonverbal** communication.
   ボディーランゲージは（　　　）コミュニケーションの一種だ。

2. We often use gestures to **convey** simple messages.
   私たちは，単純なメッセージを（　　　）ためにしばしば身ぶりを使う。

3. Cultures **differ** greatly from country to country.
   文化は国によって大きく（　　　）。

4. We can **identify** several different kinds of smiles.
   私たちはいくつかの異なる種類のほほ笑みを（　　　）ことができる。

5. We usually **interpret** a smile as a sign of joy.
   私たちはたいてい，ほほ笑みを喜びのしるしだと（　　　）。

> 答え 1. nonverbal ＝言葉によらない；非言語の 2. convey ＝伝える
> 3. differ ＝異なる 4. identify ＝見分ける；特定する
> 5. interpret ＝解釈する

➔ 答えを確認したら音声を 3 回聞き，3 回音読しよう。

➔ まずは最後まで読んでみよう。大体の意味が分かったら，**Q** の答えを考えよう。

①Americans are well-known for their big smiles, and it's not just
よく知られて　　　　　　　　　　　　　　　　　　　　　　　　　　　　単に
because they want to be your friend — not always, anyway. ②It turns out
　　　　　　　　　　　　　　　　　　　(A)　　　　　　　　　　　　　　～と分かる
that countries with many immigrants tend to rely more on nonverbal
　　　　　　　　　　　　　移民　　　～しがちだ　頼る　　　　　[　　]
communication. ③With so many people speaking so many different
　　　　　　　　　(B)
5　languages, a smile can convey the simple message: "I am not a threat."
　　　　　　　　　　　[　　]　　単純な　　　　　　　　　　　　(C)
④Of course, the meaning of a smile differs vastly between cultures.
　　　　　　　　　　　　　　　　　　[　　]　大きく
⑤Thailand, for example, is known as "the Land of Smiles," and some
タイ
people have identified as many as 13 different types of them.
　　　　　[　　]　　～もの(多くの)
⑥Meanwhile, in Russia, too much smiling can be interpreted as a sign of
一方で　　　ロシア　　　　　　　　　　　　　　[　　]　　しるし
10　disrespect, especially in business where it can mean you're not treating a
　　(D)　　　特に　　　　　　　　　　　　　　　　　　　扱う
formal situation seriously enough. ⑦While Russian friends may smile at
改まった　　　　真剣に　　　～けれども　　　　　かもしれない
one another, a stranger's smile there is just strange.
お互い　　　(E)　　　　　　　　奇妙な

Q1：2 行目 not always を，省略を補って完全な文の形にしよう。

Q2：5 行目 the simple message の具体的内容を英語で文中から抜き出そう。

Q3：＿＿の語句のおおよその意味を前後の文脈から考えて，それぞれ選ぼう。

(A) ア　やはり　　　　　　イ　少なくとも

(B) ア　～なので　　　　　イ　～にもかかわらず

(C) ア　脅威　　　　　　　イ　仲間

(D) ア　重視　　　　　　　イ　軽視

(E) ア　変な人　　　　　　イ　見知らぬ人

■ ┌─ ポ イ ン ト ─┐

ℓ.3 rely more on ～ ▶more は「移民が多くない国と比べて」という含意。
　　　 nonverbal communication「非言語コミュニケーション」▶身ぶりや表情など。

ℓ.4 with A *doing*「A が～する状態で；A が～するので」▶付帯状況の〈with ＋名詞＋
　　　 分詞〉が，理由となる状況説明を表す。

ℓ.8 identify「見分ける；特定する」▶「これは挨拶のほほ笑み」「これは照れ笑い」などと，
　　　 異なるほほ笑みの種類を 1 つひとつ特定すること。

ℓ.10 especially in business where it can mean ～「それ［ほほ笑みすぎること］が
　　　 ～を意味しかねないビジネスの場では特に」▶where は関係副詞。

【Q の答え】　**Q1**：it's not always because they want to be your friend
　　　　　　　Q2：I am not a threat.　▶コロンの後に具体的な説明が来るパターン。
　　　　　　　Q3：(A) イ　　(B) ア　　(C) ア　　(D) イ　　(E) イ

▎▎ Review ｜ 確認しよう

➔ 前ページの文章の日本語訳を読んで，（　　）の部分の意味が分かるか，確認しよう。

　①アメリカ人は満面の笑みを浮かべることで（　　　）おり，それは単に彼らがあ
なたの友達になりたいからというわけではない──少なくとも，いつもそうだとは限ら
ない。②多くの（　　　）がいる国々は，（　　　）コミュニケーションに（　　　）
がちだということが分かる。③とても多くの人々がとても多くの異なる言語を話してい
るので，ほほ笑みは［ほほ笑みによって］単純なメッセージを（　　　）ことができる。
「私は脅威ではありませんよ」（というメッセージを）。④もちろん，ほほ笑みの意味は
文化によって大きく（　　　）。⑤例えばタイは「ほほ笑みの国」として知られており，
ある人々は，13 種類もの異なるほほ笑みを（　　　）ている。⑥（　　　），ロシア
では，特にビジネスにおいては，ほほ笑みすぎることは軽視のしるしと（　　　）さ
れかねない。ビジネスの場でほほ笑みすぎると，あなたは（　　　）状況を十分真剣
に扱って［考えて］いないということを意味しかねないのだ。⑦ロシア人の友達はお
互いにほほ笑むかもしれないが，そこ［ロシア］での見知らぬ人のほほ笑みは，単に
変に思われるだけなのだ。

（well-known / immigrants / nonverbal / rely / convey / differ / identify / meanwhile / interpret / formal）

➔ 次に前ページの英文の音声を 3 回聞き，3 回音読しよう。

➔ 以下は前のページで見た文章である。音声を聞きながら空所を埋めよう。

①Americans are _____, and it's not just because they want to be your friend — not always, anyway. ②It turns out that countries with many immigrants tend to _____. ③With so many people speaking so many different languages, a smile _____: "I am not a threat." ④Of course, the meaning of a smile _____. ⑤Thailand, for example, is known as "the Land of Smiles," and some people have _____ of them. ⑥Meanwhile, in Russia, too much smiling _____ a sign of disrespect, especially _____ you're not treating a formal situation seriously enough. ⑦While Russian friends may smile at one another, a stranger's smile there is just strange.

Output 1 | 英語で表現しよう

➔ 次の日本語訳から Warm-up の英文を思い出し，声に出しながら書いてみよう。

1. ボディーランゲージは**言葉によらない**［非言語］コミュニケーションの一種だ。
2. 私たちは，単純なメッセージを**伝える**ためにしばしば身ぶりを使う。
3. 文化は国によって大きく**異なる**。
4. 私たちはいくつかの異なる種類のほほ笑みを**見分ける**ことができる。
5. 私たちはたいてい，ほほ笑みを喜びのしるしだと**解釈する**。

思考力チャレンジ ➔ 次の答えを日本語で言って／書いてみよう。英語で言って／書いてみよう。

・あなたはどんなときにほほ笑む？ できるだけ異なる場面を３つ挙げてみよう。

➔ Output 2 | 英語で表現しよう（71 ページ）

言語・コミュニケーション

Ⅲ Output 2 ｜ 英語で表現しよう

⊕ 各課で見た表現を使って日本語に合う英文を完成し，声に出して言ってみよう。

TOPIC 10　**多言語環境** ［p.58］

1. 彼の質問の**前後関係**［**背景**］を考慮すべきだ。

　　You should _____.

2. 英語の単語 "lily" は日本語の「ユリ」に**相当する**。

　　The _____ "yuri" in Japanese.

3. 彼は英語と中国語の**2 言語を話せる**話者だ。

　　He is _____.

4. 子どもたちは大人たちの感情を理解することが**できる**。

　　Children are _____.

5. 赤ん坊の**視点**からは，すべてのものが興味深く見える（look）に違いない。

　　Everything must _____.

TOPIC 11　**言葉は変わる** ［p.62］

1. あなたは，言語変化は**避けられない**ことを認識すべきだ。

　　You should _____.

2. 社会が**進化する**につれて，言語は変化するだろう。

　　Language will _____.

3. 私はこの**言語**現象に興味があります。

　　I am _____.

4. **保守的な**人々はどんな変化も**批判する**傾向がある。

　　_____ any change.

5. 英語は**これまでにないほど**速く変化している。

　　English _____.

TOPIC 12　スマイルの意味 ［p.66］

1. **非言語**コミュニケーションに頼りすぎるべきではない。

   You shouldn't _____ too much.

2. 私たちは，難しいメッセージを**伝える**ために身ぶりを使うことはできない。

   We can't _____.

3. ボディーランゲージは文化によって大きく**異なる**。

   _____ between cultures.

4. タイの人々は 13 種類の異なるほほ笑みを**見分け**られるそうだ。

   They say Thai people _____.

5. これらの言葉は怒りのしるしだと**解釈される**だろう。

   These words will _____ anger.

【解答例】

TOPIC 10　多言語環境

1. You should <u>consider the context of his question</u>.
2. The <u>English word "lily" corresponds to</u> "yuri" in Japanese.
3. He is <u>a bilingual speaker of English and Chinese</u>.
4. Children are <u>capable of understanding adults' feelings</u>.
5. Everything must <u>look interesting from a baby's perspective</u>.

TOPIC 11　言葉は変わる

1. You should <u>realize (that) language change is inevitable</u>.
2. Language will <u>change as society evolves</u>.
3. I am <u>interested in this linguistic phenomenon</u>.
4. <u>Conservative people tend to criticize</u> any change.
5. English <u>is changing faster than ever before</u>.

TOPIC 12　スマイルの意味

1. You shouldn't <u>rely on nonverbal communication</u> too much.
2. We can't <u>use gestures to convey difficult messages</u>.
3. <u>Body language differs greatly[vastly]</u> between cultures.
4. They say Thai people <u>can identify 13 different kinds of smiles</u>.
5. These words will <u>be interpreted as a sign of</u> anger.

PICK UP

言語・コミュニケーション

過去の入試で実際に出題されたトピックに触れて，トピック力の幅を広げよう。

◆ボディーランゲージ　[**滋賀大学**]

> コミュニケーションの場では 1.身ぶりや体の動きが 2.言葉の代わりをすること がある。相手が見えないと言葉は理解しにくくなる。話者のメッセージは身ぶ りや 3.顔の表情などの 4.ボディーランゲージによって補強されるのだ。

1. body gestures and movements
2. take the place of words
3. facial expressions
4. is reinforced by his body language

◆会話のルール　[**上智大学**]

> 会話のルールの1つに「1.間を開けず，言葉をかぶせず」がある。2.話者は代わ る代わる話すが，口調や相づちなどのサインを読み取り，3.無意識のうちに協 力して自然な会話を作る。そうしたルールは 4.人類共通の社会的本能のようだ。

1. no gap, no overlap
2. speakers take turns
3. subconsciously cooperate
4. human beings' shared social instincts

◆人間言語の特異性　[**三重大学**]

> 人間は言葉や身ぶりで意思疎通し，動物にも 1.言語に似た活動がある。しかし 人間の言語は極めて複雑で，2.伝えられる意味の範囲が広い。3.時間や空間を 超えて自由に広がることができるのが，人間言語の 4.際立った特徴の1つだ。

1. language-like activity
2. the range of meaning it can communicate
3. range freely over time and space
4. one of the distinguishing features

◆第二言語の早期教育　[**高知大学**]

幼い子どもが自然に 1.第二言語を身につけるには 2.その言語に十分に触れることが必要だが, 3.教室という環境ではそれは難しい。年長の子どもの方が認知能力や集中力が高く, 4.教室での学習がうまく行くためにはそれらが不可欠だ。

1. learn a second language　　　2. sufficient exposure to the language

3. in a classroom setting　　　4. successful classroom learning

◆パブリック・スピーキング　[**早稲田大学**]

1.人前で話すことの必要性は誰にでもある。仕事で成功するには, 批判的に考え 2.分かりやすく意思疎通する能力が必須だ。3.今日の競争の激しい労働市場では, 専門能力と 4.言葉によるコミュニケーションスキルの両方が求められている。

1. the need for public speaking　　　2. communicate clearly

3. today's highly competitive job market

4. verbal communication skills

英作文 出題例　まずは日本語でよいので, 自分なりの答えを考えてみよう。

1. At what age should Japanese people begin studying English at school? Give reasons and examples to explain your answer.（日本人が学校で英語を学び始めるのは何歳が適当か。理由と例を挙げて説明せよ）[**島根大学**]

2. Modern-day computers are now able to translate quickly and more and more accurately, so some people think that learning foreign languages is a waste of time. Do you agree or disagree? And why?（コンピューターが通訳してくれるので外国語を学ぶのは時間の無駄だと言う人がいるが, あなたは賛成か反対か）[**新潟大学**]

3. At some time in our lives, we will all be required to do some kind of public speaking. However, most of us do not like to speak in front of others. How do you feel about speaking in public?（私たちは皆, いつかは人前で話すことを求められるが, 大部分の人はそれが苦手だ。人前で話すことについてどう思うか）[**宮城教育大学**]

Part 2

現代社会に生きる
Society

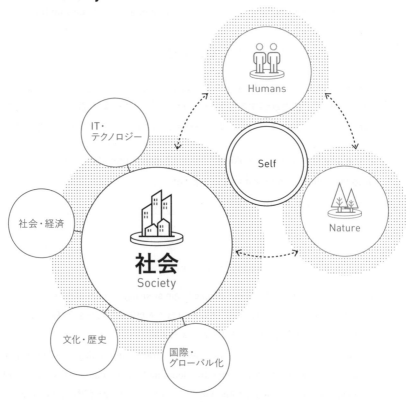

生きるための集団, すなわち「社会」は多くの動物にも見られるものだが,
人間社会は高度に複雑化し分化しているのが大きな特徴だ。
それ自体が1つの生物のように成長・進化し, もはや誰にも全体像の見えない巨大なシステム。
このパートでは, そんな現代社会の姿をいくつかの切り口から垣間見てみたい。

○ IT・テクノロジー
13 科学技術の発展と労働 / 14 自動運転のジレンマ / 15 テクノロジーの未来

テクノロジーは現代社会になくてはならないと同時に，現代社会ならではの深刻な問題も生み出している。あらゆる道具に功罪両面があることは，スマホひとつ取っても分かるだろう。入試で最新テクノロジーの話題が取り上げられることも多いので，**日頃から関心を持ってニュースなどにも注目しておこう。**

○ 社会・経済
16 世界の貧困問題 / 17 民主主義と選挙権 / 18 広告の効果

学校・地域・国・世界など社会のスケールはさまざまだが，テクノロジーを通じて**私たち1人ひとりが巨大な社会と直接関われる／関わってしまう**のが，今の時代だ。個々人が社会からの影響を免れることはできないけれども，社会を変える発火点になるのが常に個人であるということも，確かな事実だ。

○ 文化・歴史
19 時間認識の文化差 / 20 世界文化遺産 / 21 書物とデジタル

忙しい毎日の中で私たちはついつい「今ここ」にとらわれてしまう。そんなとき，**自分や自分の属する集団から少し距離を置いて「今ここ」を相対化する**視点を与えてくれるのが文化や歴史だ。「自分」や「自分たち」とは場所や時代が異なる人々の営みを知ることは，自らをより深く知ることでもある。

○ 国際・グローバル化
22 カワイイ・アニメ・マンガ / 23 異文化間理解 / 24 グローバル化の功罪

ITや経済・文化などと切り離せないグローバル化の問題は，**入試でも最もホットなトピックの1つ**だ。世界中の情報が刻々と手元に流れ込んでくるということは，逆に私たちから世界に向けて発信もできるということ。そのことの可能性と難しさとを意識しながら，グローバル時代に立ち向かってほしい。

TOPIC 13
科学技術の発展と労働

IT・
テクノロジー①

テクノロジーは社会を変える。19 世紀の最新テクノロジーだった蒸気機関は，その

巨大な力で生産や移動の手段に革新をもたらした。かつての蒸気機関や，現代の

情報技術（IT）が社会をどう変えたかを想像しながら，本文を読んでみよう。

Warm-up ┃ キーワードを知ろう　　　🔊 A 13-1

→ 各英文の日本語訳の（　）にはどんな言葉が入るか，前後関係から考えてみよう。

1. The First **Industrial Revolution** began in Britain in the 18th century.
   第 1 次（　　　）は 18 世紀にイギリスで始まった。

2. Technological **innovation** is necessary for industry to develop.
   産業が発展するためには科学技術の（　　　）が必要だ。

3. Critics say AI and robots will increase **unemployment**.
   AI とロボットが（　　　）を増加させるだろうと批評家は言う。

4. The company needs more workers to **operate** the new machines.
   その会社は，新しい機械を（　　　）ための労働者をもっと必要としている。

5. A lot of industrial robots are used in **manufacturing**.
   多くの産業用ロボットが（　　　）で使われている。

答え　1. industrial revolution ＝産業革命　　2. innovation ＝（技術）革新
　　　3. unemployment ＝失業　　　　　　　4. operate ＝動かす；操作する
　　　5. manufacturing ＝製造業

→ 答えを確認したら音声を 3 回聞き，3 回音読しよう。

→ まずは最後まで読んでみよう。大体の意味が分かったら，**Q** の答えを考えよう。

①Before the First Industrial Revolution, economic expansion was tied
　　　　　　　　　　　[　　]　　　　　　　　　　　　　　　　拡大　　　　結びつける
directly to population growth. ②In order for farmers to grow more food,
　　　　人口　　　増加　　　　　　　　農場経営者
for example, they required more workers. ③Once innovation began to
　　　　　　　必要とする　　　　　　　　　　〜すると　[　　]
drive industry into motion, however, the global economy grew at an
追い立てる　産業　　　　運動状態　　しかし　　　世界の
5 unprecedented rate. ④Many predicted that steam power and other
　(A)　　　速度　　　　　　予測する　　　　蒸気
technologies would trigger massive unemployment. ⑤While some jobs
　　　　　　　　　(B)　　大量の　　　[　　]　　　〜けれども
were indeed replaced, in the end, the grim outlook was proven
　　本当に　置き換える　　結局は　　　　厳しい　見通し
unwarranted. ⑥The factories that appeared around the world required
　(C)　　　　　　　工場　　　　　　　　　　　　　　必要とする
workers to operate the new machines. ⑦Today, we are at the dawn of the
　　　　　[　　]　　　　　　　　　　　　　　　　　　(D)
10 Fourth Industrial Revolution, which centers on the automation of
　　　　　　　　　　　　　　　　集中する　　　　　自動化
traditional manufacturing and industrial practices. ⑧Jobs are already
従来の　　　　[　　]　　　　　　やり方
being lost to AI and robots, but will new ones arise? ⑨Whether history
取られて　人工知能　　　　　　　　　　生まれる　　〜かどうか
repeats itself remains to be seen.
繰り返す　　　(E)

Q1：12 行目 ones が指すものを文中から抜き出そう。

Q2：_____ の語句のおおよその意味を前後の文脈から考えて，それぞれ選ぼう。

(A) ア　従来通りの　　　　イ　前例のない

(B) ア　引き起こす　　　　イ　防ぐ

(C) ア　的を射た　　　　　イ　的外れの

(D) ア　〜の始まりに　　　イ　〜の終わりに

(E) ア　まだ分からない　　イ　もう分かっている

■ ┤ポ ｜ イ ｜ ン ｜ ト├

$\ell.1$ the First Industrial Revolution「第 1 次産業革命」▶蒸気機関の普及などによる産業・社会構造の変革（18 世紀後半〜）。第 2 次（石油・電力等による機械化・大量生産；19 世紀後半〜），第 3 次（デジタル技術による自動化・効率化；1970 年代〜）を経て，現在は AI やロボット工学による第 4 次産業革命の始期にあるとされる。

$\ell.2$ in order for A to *do*「A が〜するためには」▶for A は不定詞の意味上の主語。

$\ell.4$ drive O into motion「O を運動状態へと追い立てる；O を動かす」

$\ell.7$ be proven C「C と証明される」▶prove O C（O を C と証明する）の受動態。

$\ell.8$ unwarranted「根拠に基づかない；不適切な」

$\ell.12$ be lost to 〜「〜に（負けて）取られる；奪われる」

$\ell.13$ remain to be *done*「〜しなければならないことが残っている；まだ〜されていない」▶remain to be seen は「（結果は）まだ見られていない」の意味。

【Q の答え】　Q1：jobs
　　　　　　　Q2：(A) イ　(B) ア　(C) イ　(D) ア　(E) ア

‖ Review ｜ 確認しよう

⊙ 前ページの文章の日本語訳を読んで，（　　）の部分の意味が分かるか，確認しよう。

　①第 1 次（　　　　　　　）以前には，経済的（　　　）は人口増加と直接結びついていた。②例えば，農場経営者が食物をより多く育てるためには，より多くの労働者を必要とした。③しかし，いったん（　　　）が産業を動かし始めると，世界の経済は前例のないほどの速度で成長した。④多くの人が，蒸気動力や他のテクノロジーは大量の（　　　）を引き起こすだろうと（　　　）。⑤一部の仕事は本当に（新技術により）置き換えられてしまったけれども，結局は厳しい見通しは的外れだったと判明した。⑥世界中に登場した（　　　）が，新しい機械を（　　　）ための労働者を必要としたのである。⑦今日，私たちは第 4 次産業革命の始まりにいるが，それは従来の（　　　）や産業のやり方を（　　　）することに中心を置いている。⑧仕事はすでに AI とロボットに奪われつつあるが，新しい仕事は（　　　）だろうか。⑨歴史が繰り返すかどうかは，まだ分からない。

Industrial Revolution / expansion / innovation / unemployment / predicted / factories / operate / manufacturing / automation / arise

⊙ 次に前ページの英文の音声を 3 回聞き，3 回音読しよう。

→ 以下は前のページで見た文章である。音声を聞きながら空所を埋めよう。

①Before _____, economic expansion was tied directly to population growth. ②In order _____, for example, they required more workers. ③Once _____ _____ into motion, however, the global economy grew at an unprecedented rate. ④Many predicted that steam power and other technologies _____. ⑤While some jobs were indeed replaced, in the end, the grim outlook was proven unwarranted. ⑥The factories that appeared around the world _____ _____. ⑦Today, we are at the dawn of the Fourth Industrial Revolution, which centers on the automation of traditional _____ _____. ⑧Jobs are already being lost to AI and robots, but will new ones arise? ⑨_____ remains to be seen.

Output 1 | 英語で表現しよう

→ 次の日本語訳から Warm-up の英文を思い出し，声に出しながら書いてみよう。

1. 第 1 次**産業革命**は 18 世紀にイギリスで始まった。
2. 産業が発展するためには科学技術の（**技術**）**革新**が必要だ。
3. AI とロボットが**失業**を増加させるだろうと批評家は言う。
4. その会社は，新しい機械を**動かす**ための労働者をもっと必要としている。
5. 多くの産業用ロボットが**製造業**で使われている。

思考力チャレンジ → 次の答えを日本語で言って／書いてみよう。英語で言って／書いてみよう。

・歴史上，新技術によって消えた職業，生まれた職業を，1 つずつ考えてみよう。

→ Output 2 | 英語で表現しよう（88 ページ）

TOPIC 14

自動運転のジレンマ

自分が助かるためには他人を犠牲にするしかない──そんな状況に追い込まれたら，あなたならどうするだろうか。「人工知能」といっても元のプログラムを作るのは人間。どんなにテクノロジーが進もうと，究極の選択を行うのは私たち自身なのだ。

▌▌▌ Warm-up │ キーワードを知ろう   🔊 A 14-1

⊙ 各英文の日本語訳の（　）にはどんな言葉が入るか，前後関係から考えてみよう。

1. Self-driving **vehicles** are run by software programs.
   自動運転の（　　　　）はソフトウェアプログラムによって動かされる。

2. New technologies have often caused **ethical** problems.
   新しい科学技術は，しばしば（　　　　）問題を引き起こしてきた。

3. A recent **survey** shows that people don't fully trust self-driving cars.
   最近の（　　　　）は，人々が自動運転車を完全には信頼していないことを明らかにした。

4. There is no **universal** standard of right or wrong.
   よいか悪いかの（　　　　）基準はない。

5. A **dilemma** is a situation in which a difficult choice has to be made.
   （　　　　）とは，難しい選択が行われなければならない状況のことだ。

答え〈 1. vehicle ＝乗り物；車　　2. ethical ＝倫理的な　　3. survey ＝調査
4. universal ＝普遍的な　　5. dilemma ＝ジレンマ；板挟み

⊙ 答えを確認したら音声を 3 回聞き，3 回音読しよう。

⊃ まずは最後まで読んでみよう。大体の意味が分かったら，**Q** の答えを考えよう。

①Fully automatic self-driving cars may be just around the corner.
完全に　　　　　　　自動運転の　　　　　　　　　　　(A)

②The vehicles will be run by software programs, but will we be able to
　　[　　]　　　　　走らせる　　ソフトウェアプログラム

trust these programs to make decisions that are in our best interests?
信頼する　　　　　　　　　　　　　決定　　　　　　　(B)

③What if a traffic accident is unavoidable, and your car has to decide
もし～ならどうだろう　　　　　　　避けられない

5　whether to sacrifice a group of pedestrians to save you? ④It will not
　～すべきかどうか　犠牲にする　　　　　歩行者　　　救う

struggle with the ethical considerations. ⑤It will simply act according to
苦闘する　　　　　[　　]　　問題点　　　　　単に　　～に従って

the design specified by its makers. ⑥Unfortunately, a recent survey of
　(C)　　指定する　　　製造者　　残念ながら　　　[　　]

more than two million people revealed that there is no agreed-upon
　　　　　　　　　　　　明らかにする　　　　　　　(D)

universal moral code among people, so there can be no perfect design.
　[　　]　道徳的な　規範

10 ⑦Therefore, if your car is faced with a moral dilemma, your well-being
したがって　　　　　　　～に直面する　　　[　．]　　幸福

may well be the result of a decision made by a car manufacturer or
(E)　　　　　　結果　　　　　　　　　　　　　　製造業者

government regulator.
政府　　規制機関

Q1：2 行目 software programs とほぼ同じ意味を表す語を文中から抜き出そう。

Q2：10 行目 moral dilemma の具体例を，文中から 10 語で抜き出そう。

Q3：_____ の語句のおおよその意味を前後の文脈から考えて，それぞれ選ぼう。

(A) ア　まだ見えない　　　　イ　もうすぐ来る

(B) ア　私たちに最も有利に　　イ　私たちに最も興味深いように

(C) ア　設計　　　　　　　　イ　外形

(D) ア　合意すべき　　　　　イ　合意を得た

(E) ア　たぶん～だろう　　　イ　～しても全くかまわない

自動運転のジレンマ　81

$\ell.1$　just around the corner「間近に迫って」▶空間的にも時間的にも言う。

$\ell.3$　trust O to do「O が～すると信じる；O を信じて～させる」
　　　　in ～'s interests「～の利益のために」▶interest は「利益」の意味。

$\ell.4$　What if ～？「もし～ならどうだろう」▶仮定を問いかける疑問文を作る。

$\ell.6$　ethical considerations「倫理的な問題点」▶「車に乗っている人を救うために歩行者
　　　　を死なせることは倫理的に許されるか」といった，考慮すべき問題点のこと。

$\ell.8$　agreed-upon「合意された」▶agree on[upon] ～「～について合意する」の過去分詞。

$\ell.10$　well-being「幸福；健康で満足な状態」▶車の設計が運転者優先ならあなたの無事は
　　　　確保されるが，歩行者優先ならあなたは無事ではいられないということ。

$\ell.11$　may well ～「たぶん～だろう」▶may 単独よりも確信の高い推測（= probably）。

【Q の答え】　**Q1**：design（$\ell.7$）▶車の動き方の「設計」とは，プログラムのこと。
　　　　　　　Q2：whether to sacrifice a group of pedestrians to save you（$\ell.5$）
　　　　　　　Q3：(A) イ　(B) ア　(C) ア　(D) イ　(E) ア

‖ Review ｜ 確認しよう

➔ 前ページの文章の日本語訳を読んで，（　　）の部分の意味が分かるか，確認しよう。

①完全に自動化された自動運転車は，もうすぐ現れるかもしれない。②その（　　　　）
vehicles
はソフトウェアプログラムによって操作されるだろうけれども，私たちはこうした
プログラムが私たちの最大の利益になる決定をすると（　　　　）ことができるだろ
trust
うか。③もし交通事故が避けられず，あなたの車があなたを救うために（　　　　）の
pedestrians
一団を（　　　　）べきかどうか決めなければならないとしたら，どうだろうか。④そ
sacrifice
れ［あなたの車］は（　　　　）問題点と苦闘はしないだろう。⑤それは単に，製造者
ethical
によって指定された設計に従って振る舞うだろう。⑥（　　　　），200 万人超を対象
unfortunately
とした最近の（　　　　）は，人々の間に合意を得た（　　　　）道徳規範がないこと
survey　　　　　　　　　　　　　　　universal
を明らかにしたので，完璧な設計はあり得ない。⑦したがって，あなたの車が道徳
的な（　　　　）に直面したら，あなたの幸福［→無事でいられること］は，たぶん
dilemma
自動車（　　　　）か政府の規制機関によって下された決定の結果になるだろう。
manufacturers

➔ 次に前ページの英文の音声を 3 回聞き，3 回音読しよう。

(→) 以下は前のページで見た文章である。音声を聞きながら空所を埋めよう。

①Fully automatic self-driving cars may be just around the corner.
②_____ software programs, but will we be able
to _____ that are in our best interests? ③What if
a traffic accident is unavoidable, and your car has to decide whether to
_____ to save you? ④It will not _____
_____. ⑤It will simply act according to the design specified by
its makers. ⑥Unfortunately, _____ two million
people revealed that there is no _____ among
people, so there can be no perfect design. ⑦Therefore, if your car _____
_____, your well-being may well be the result of a
decision made by a car manufacturer or government regulator.

Output 1 | 英語で表現しよう

(→) 次の日本語訳から Warm-up の英文を思い出し，声に出しながら書いてみよう。

1. 自動運転の**乗り物**はソフトウェアプログラムによって動かされる。
2. 新しい科学技術は，しばしば**倫理的な**問題を引き起こしてきた。
3. 最近の**調査**は，人々が自動運転車を完全には信頼していないことを明らかにした。
4. よいか悪いかの**普遍的な**基準はない。
5. **ジレンマ[板挟み]**とは，難しい選択が行われなければならない状況のことだ。

思考力チャレンジ | (→) 次の答えを日本語で言って／書いてみよう。英語で言って／書いてみよう。

・あなたが自動運転車のプログラマーだったとしたら，文中のような事故を避けられない
　状況で，車がどう振る舞うように設計するだろうか。

(→) **Output 2** | 英語で表現しよう（88 ページ）

TOPIC 15

テクノロジーの未来

多くの命を病気から救うのに役立つのと同じ技術が，他方では人を殺すための戦争に利用されるかもしれない。科学技術は社会との関係において善にも悪にもなるのだ。しかも，今やその影響力は増大の一途で，とどまるところを知らない。

Warm-up | キーワードを知ろう

◆) A 15-1

⊙ 各英文の日本語訳の（　）にはどんな言葉が入るか，前後関係から考えてみよう。

1. **Genetic** engineering might enable us to wipe out all diseases.
   （　　　）工学はすべての病気を撲滅することを可能にするかもしれない。

2. The insect has a high ability to **reproduce**.
   その昆虫は高い（　　　）能力を持っている。

3. It is too early to **apply** this technology to humans.
   このテクノロジーを人間に（　　　）のは早すぎる。

4. Do you think AI will achieve **consciousness** someday?
   AI はいつか（　　　）を獲得すると思いますか。

5. A little **caution** is required because this method is risky.
   この方法は危険を伴うので，少々の（　　　）が求められる。

答え 1. genetic ＝遺伝子の；遺伝学の　　2. reproduce ＝繁殖する
3. apply ＝応用する　　　　　　　　4. consciousness ＝意識
5. caution ＝用心；注意

⊙ 答えを確認したら音声を 3 回聞き，3 回音読しよう。

➔ まずは最後まで読んでみよう。大体の意味が分かったら，**Q** の答えを考えよう。

①Malaria is the deadliest disease in human history. ②Fortunately,
　マラリア　　　　　　　　　致命的な　　　　　　　　　　　　　　　幸運にも

rapid advances in genetic engineering have led to the development of
　　進 歩　　　　　　[　　]　　　工 学　　　　～をもたらす　　　　開発

tools that could potentially wipe it out. ③By editing the genes of
手段　　　　　　もしかすると　　(A)　　　　　　編集する　　　遺伝子

mosquitoes, the insects that carry the disease, we could eliminate their
　蚊　　　　　　　　　　　媒介する　　　　　　　　　　　(B)

5　ability to reproduce, causing them to disappear completely. ④Similarly,
　　　　　　[　　]　　　　　　　　　　　消滅する

these same genetic tools could be applied to humans as well, potentially
　　　　　　　　　　　　　　[　　]　　　　～もまた

leading to armies of genetically advanced super soldiers. ⑤As
　　　　　　軍 隊　　　　　　高度化した　強力な　兵 士

experiments have already been performed on mouse embryos, the fear of
実 験　　　　　　　　　行 う　　　ネズミ　胎 児　～を恐れること

such technologies is not without reason. ⑥Nor is it new. ⑦People have
　　　　　　　　　(C)　　　　　　　　(D)

10　been worried for decades that AI will achieve consciousness and decide
数十年間　　　　　　　獲得する　[　　]　　判断する

that humans are dispensable. ⑧Most experts say that such fictions are
　　　　　　(E)　　　　　　　　　　　　　　作り話

incapable of jumping out of Hollywood movies and into reality, but
できない　　　　　　　　　ハリウッド　　　　　現 実

perhaps a little caution is required.
ひょっとしたら　　[　　]　　要求する

Q1：4行目 the insects 〜 the disease と同じ内容を表す1語を文中から抜き出そう。

Q2：＿＿の語句のおおよその意味を前後の文脈から考えて，それぞれ選ぼう。

　　(A) ア　撲滅する　　　　　イ　完治させる

　　(B) ア　消滅させる　　　　イ　強化する

　　(C) ア　あまり理由がない　イ　かなり理由がある

　　(D) ア　それは新しくない　イ　それはとても新しい

　　(E) ア　必要不可欠な　　　イ　不必要な

$\ell.2$　genetic engineering「遺伝子工学」▶生物の遺伝子を操作し活用する技術。目的に応じて遺伝子を改変することを edit（編集する）という。

　　　　lead to ～「～へとつながる；～をもたらす；～を生み出す」

$\ell.3$　potentially「潜在的に；可能性として；もしかすると（～かもしれない）」

$\ell.5$　..., causing ～「…，そして～させる」▶〈結果〉を表す分詞構文。遺伝子操作で生殖能力をなくせば，蚊は子孫が作れずにやがて絶滅してしまうということ。

$\ell.9$　not without reason「理由がないわけではない」▶「かなりの理由がある」の遠回しな表現。二重否定で肯定の意味になる。

　　　　Nor is it new. = It is not new, either. ▶nor のあとの is it という倒置に注意。

$\ell.11$　dispensable「なくてもすむ；不必要な」⇔ indispensable「不可欠な」

$\ell.12$　jump out of A and into B「A を飛び出して B に飛び込む」

【Q の答え】　**Q1**：mosquitoes ▶mosquitoes の後ろのコンマは同格語句を導く。
　　　　　　　Q2：(A) ア　(B) ア　(C) イ　(D) ア　(E) イ

‖‖ Review ｜ 確認しよう

⊙ 前ページの文章の日本語訳を読んで，（　　　）の部分の意味が分かるか，確認しよう。

①マラリアは人間の歴史で最も致命的な病気だ。②幸運にも，（　　　）（　　　）の
　　　　　　　　　　　　　　　　　　　　　　　　　　　genetic　　engineering
急速な（　　　）が，もしかするとそれを撲滅できるかもしれない手段の開発をもた
　　　　advances
らしている。③その病気を媒介する昆虫である蚊の（　　　）を編集することにより，
　　　　　　　　　　　　　　　　　　　　　　　　gene
私たちは蚊の（　　　）能力をなくし，その結果，蚊を完全に消滅させることができ
　　　　reproduce
るだろう。④同様に，この同じ遺伝学的手段は人間にも（　　　）ことができ，もし
　　　　　　　　　　　　　　　　　　　　　　　　　　apply
かすると遺伝学的に（　　　）強力な兵士の軍隊をもたらすかもしれない。⑤すでに
　　　　　　　　　advanced
ネズミの胎児で実験が行われているので，そのような技術を恐れることには理由がな
くはない。⑥それはまた新しい恐れでもない。⑦AI が（　　　）を獲得して，人間な
　　　　　　　　　　　　　　　　　　　　　　　consciousness
どいなくてもよいと判断することを，人々は何十年間も心配してきた。⑧そのような
作り話がハリウッド映画を飛び出して（　　　）になることは不可能だと，ほとんど
　　　　　　　　　　　　　　　　　reality
の専門家は言うけれども，ひょっとしたら少々の（　　　）が必要かもしれない。
　　　　　　　　　　　　　　　　　　　　　　caution

　　　　　　　　　　　⊙ 次に前ページの英文の音声を 3 回聞き，3 回音読しよう。

⊙ 以下は前のページで見た文章である。音声を聞きながら空所を埋めよう。

①Malaria is the deadliest disease in human history. ②Fortunately, _____ have led to the development of tools that could potentially wipe it out. ③By _____, the insects that carry the disease, we could _____, causing them to disappear completely. ④Similarly, these same genetic tools _____ as well, potentially leading to armies of genetically advanced super soldiers. ⑤As _____ on mouse embryos, the fear of such technologies is not without reason. ⑥Nor is it new. ⑦People have been worried for decades that _____ _____ and decide that humans are dispensable. ⑧Most experts say that such fictions are incapable of jumping out of Hollywood movies and into reality, but perhaps _____.

Output 1 | 英語で表現しよう

⊙ 次の日本語訳から Warm-up の英文を思い出し，声に出しながら書いてみよう。

1. **遺伝子**工学はすべての病気を撲滅することを可能にするかもしれない。
2. その昆虫は高い**繁殖する**能力［繁殖能力］を持っている。
3. このテクノロジーを人間に**応用する**のは早すぎる。
4. AI はいつか**意識**を獲得すると思いますか。
5. この方法は危険を伴うので，少々の**用心**が求められる。

┌───┐
思考力チャレンジ　⊙ 次の答えを日本語で言って／書いてみよう。英語で言って／書いてみよう。

・遺伝子操作であなたの子どもの身体能力を上げられるとしたら，あなたはそれを利用したい？ したくない？ それはなぜ？
└───┘

⊙ Output 2 | 英語で表現しよう（89 ページ）

テクノロジーの未来　87

IT・テクノロジー

Output 2 | 英語で表現しよう

⊙ 各課で見た表現を使って日本語に合う英文を完成し，声に出して言ってみよう。

TOPIC 13 　**科学技術の発展と労働** [p.76]

1. 第 1 次**産業革命**はどこで始まりましたか。

   Where _____?

2. 科学技術の**革新**は，経済的拡大と結びついている。

   _____ economic expansion.

3. AI とロボットは大量の**失業**を引き起こすかもしれない。

   AI _____.

4. その新しい機械を**動かす**ために，より多くの労働者が必要だ（necessary）。

   More _____.

5. 日本では，**製造業**は重要な産業だ。

   _____ in Japan.

TOPIC 14 　**自動運転のジレンマ** [p.80]

1. それらの自動運転の**乗り物**は何によって動かされますか。

   What _____?

2. その科学技術は，1 つの新たな**倫理的**問題を引き起こした。

   The technology has _____.

3. 最近の**調査**によれば，人々はこれらのプログラムを信頼していない。

   According to _____.

4. 人々の間に**普遍的な**道徳的規範は存在しない。

   _____ among people.

5. あなたは道徳的**ジレンマ**に直面するだろう。

   You _____.

テクノロジーの未来 [p.84]

1. **遺伝子**工学は，人類がその病気を撲滅することを可能にするだろう。

   _____ the disease.

2. それらの昆虫はすぐに**繁殖する**能力を失った。

   Those insects soon _____.

3. このテクノロジーを人間に**応用する**のは倫理的（ethical）ではない。

   It is not _____.

4. AI が**意識**を獲得したら，何が起こるだろうか。

   What will _____?

5. 専門家は，さらなる**用心**が求められるだろうと言う。

   Experts _____.

【解答例】

TOPIC 13 **科学技術の発展と労働**

1. Where did the First Industrial Revolution begin?
2. Technological innovation is tied to economic expansion.
3. AI and robots may[might] trigger[cause] massive unemployment.
4. More workers are necessary to operate the new machines.
5. Manufacturing is an important industry in Japan.

TOPIC 14 **自動運転のジレンマ**

1. What are those self-driving vehicles run by?
2. The technology has caused a new ethical problem.
3. According to a recent survey, people don't trust these programs.
4. There is no universal moral code among people.
5. You will be faced with a moral dilemma.

TOPIC 15 **テクノロジーの未来**

1. Genetic engineering will enable humans to wipe out the disease.
2. Those insects soon lost their ability to reproduce.
3. It is not ethical to apply this technology to humans.
4. What will happen if AI achieves consciousness?
5. Experts say (that) more caution will be required.

PICK UP

IT・テクノロジー

過去の入試で実際に出題されたトピックに触れて，トピック力の幅を広げよう。

◆デジタルネイティブ ［**山形大学**］

> 1.タッチや声によるインターフェースにより，幼児でも 2.コンピューターとやりとりすることが可能になった。彼らは 3.デジタルネイティブであり，4.これまでの世代の人々が言葉を覚えたのと同様にコンピューターについて学ぶだろう。

1. touch and voice interfaces 　　　2. interact with computers

3. digital natives 　　　4. previous generations

◆AI と創造性 ［**鳥取大学**］

> 1.科学技術の進歩で産業は発展するが，AI やロボットは 2.特別な知識や技能を要しない仕事を人間から奪うだろう。人間は 3.より創造的な物事に集中し，社会の 4.変化に遅れないよう常に知識と技能をアップデートし続けなければならない。

1. technological advancement 　　　2. special knowledge or skill

3. focus on more creative things 　　　4. to keep up with changes

◆ネット社会の人間関係 ［**上智大学**］

> ネットなどのテクノロジーは 1.人間同士の接触をなくす。リアルな交流がないと 2.寛容さが失われていく。人々をつなぐはずの 3.ソーシャルメディアも，自分の属するグループ以外の人との接点が減るため，実は 4.分断を増加させる。

1. eliminating human contact 　　　2. lead to less tolerance

3. social media 　　　4. increase divisions

◆「モノのインターネット」の時代　[東北大学]

1.インターネットにつながったさまざまな機器が情報交換する 2.IoT（モノのインターネット）の時代が近づいている。3.デジタル技術は成熟してきており，やがて 4.私たちが行うすべてのことに革命的変化を起こすだろう。

1. connected to the Internet　　　2. IoT (Internet of Things)

3. digital technologies are maturing　　4. revolutionize everything we do

◆火というテクノロジー　[東京都立大学]

車輪など 1.私たちの最も重要な発明の多くは単なる道具であり，2.背景に科学的方法があるわけではない。例えば 3.火というテクノロジーもそうだ。火という道具のおかげで人間は，4.地球上で優占種［支配的な種（しゅ）］になれたのだ。

1. our most significant inventions

2. with no scientific method behind them

3. the technology of fire

4. the dominant species on the planet

英作文 / 出題例　まずは日本語でよいので，自分なりの答えを考えてみよう。

1. AI の導入による懸念や否定的側面についてのあなたの考えをその論拠とともに英文で述べなさい。[福井大学]

2. Would you want to ride in a driverless car if given the chance? Explain the reason(s) for your answer.

（機会があったら自動運転車に乗りたいか。理由も説明しなさい）[滋賀県立大学]

3. Technology has changed our lives in many ways. What do you think has been the biggest change?（テクノロジーは私たちの生活を多くの点で変化させた。今までで最大の変化は何だと思うか）[鹿児島大学]

TOPIC 16

世界の貧困問題

「貧困」と聞くと何を思い浮かべるだろうか。日本の人口は約1億2,000万人だが，世界ではその6倍に当たる人々が「極度の貧困」の中で生きているという。その数は確実に減少しているが，ゼロになる日は果たしていつ来るのだろうか。

▌▌▌ Warm-up ▏ キーワードを知ろう   ◀)) A 16-1

⊙ 各英文の日本語訳の（　）にはどんな言葉が入るか，前後関係から考えてみよう。

1. People in extreme poverty should be given **financial** support.
   極度の貧困状態にある人々は（　　　　）支援を与えられるべきだ。

2. **Developing countries** need help from developed countries.
   （　　　　）は先進国からの援助を必要としている。

3. We should provide **humanitarian** aid to people in need.
   私たちは困窮している人々に（　　　　）支援を提供すべきだ。

4. "SDGs" stands for "**Sustainable** Development Goals."
   SDGs は「（　　　　）開発目標」という意味を表す。

5. We are working hard to **eliminate** poverty from the world.
   私たちは世界から貧困を（　　　　）ために熱心に働いている。

答え	1. financial ＝財政的な；金銭的な	2. developing country ＝発展途上国
	3. humanitarian ＝人道的な	4. sustainable ＝持続可能な
	5. eliminate ＝根絶する	

⊙ 答えを確認したら音声を3回聞き，3回音読しよう。

➔ まずは最後まで読んでみよう。大体の意味が分かったら，**Q** の答えを考えよう。

①Those who live in poverty do not have the financial resources to
人々　　　　　　　　貧困　　　　　　　[　　]　　資金

meet their basic needs. ②Extreme poverty, meanwhile, is defined as living
(A)　　　最低限必要なもの　　極度の　　　　　　一方　　　定義される

beneath the international poverty line, which now sits at \$1.90/day.
(B)　　　　　　　　　　　　貧困線 (最低生活基準)　　　　　　ある

③More than 700 million people currently live in extreme poverty, most of
現在　　　　　　　　　　　　　大部分

5　whom are located in developing countries. ④They regularly have trouble
位置する　　　　　　[　　]　　　　　しばしば　　　(C)

accessing food, clean water, or shelter, and, for the most part, cannot
手に入れる　　　　　　　　　　(D)　　　　　　　大部分は

cover medical or educational costs as well. ⑤However, thanks to
まかなう　　　　　　　　　　　　～もまた　　　　　　　～のおかげで

significant humanitarian aid, extreme poverty has been falling since 1990.
(E)　　　[　　]　　支援　　　　　　　　　　　　減少する

⑥While 36% of the global population lived in extreme poverty in 1990,
～だが　　　　　　　　人口

10　today, that number is down to 10%. ⑦As part of its Sustainable
下がって　　　　　　　～として　　　　　　[　　]

Development Goals (SDGs), the United Nations aims to eliminate
国際連合　　　目指す　　　[　　]

extreme poverty completely by 2030.
完全に

Q1：3行目の関係代名詞 which の先行詞は何か，文中から抜き出そう。

Q2：4行目の関係代名詞（most of）whom の先行詞は何か，文中から抜き出そう。

Q3：＿＿＿の語句のおおよその意味を前後の文脈から考えて，それぞれ選ぼう。

    (A) ア　満たす　　　　　イ　生み出す

    (B) ア　～より上で　　　イ　～より下で

    (C) ア　もめごと　　　　イ　苦労

    (D) ア　住居　　　　　　イ　隠れ家

    (E) ア　かなりの量の　　イ　十分でない

ℓ.1 do not have the financial resources 「財源を持たない；お金がない」

ℓ.2 basic needs 「(生活に) 最低限必要なもの」 ▶衣食住や衛生・教育・医療など。

meanwhile 「その一方で (同時に)」 ▶ここでは文の途中に挿入されている。

ℓ.3 international poverty line 「国際貧困線 [国際貧困ライン]」 ▶国際銀行が定義している貧困の国際的な基準値。1.9ドル／日は2015年に定められた値。

ℓ.4 ..., most of whom ～ 「…，そして彼らの大部分は～」 ▶関係詞の非制限用法。

ℓ.5 have trouble *doing* 「～するのに苦労する」 = have difficulty *doing*

ℓ.6 shelter 「住居」 ▶food, clothing and shelter (衣食住) という形でよく使われる。

for the most part 「大部分は；たいていは」

ℓ.10 Sustainable Development Goals (SDGs) 「持続可能な開発目標」 ▶2030年までに世界が協力して達成を目指す17の国際目標。2015年に国連で定められた。

【Qの答え】 **Q1**：the international poverty line
Q2：more than 700 million people
Q3：(A) ア　(B) イ　(C) イ　(D) ア　(E) ア

‖‖ Review ｜ 確認しよう

➲ 前ページの文章の日本語訳を読んで，(　　　) の部分の意味が分かるか，確認しよう。

①貧困の中で生活している人々は，(　　　) を満たすための (　　　) 資金 [→財
　　　　　　　　　　　　　　　　　basic needs　　　　　　　　financial
源] を持っていない。②一方，極度の貧困は，国際 (　　　) より下で生活している
　　　　　　　　　　　　　　　　　　　　　　　　poverty line
ことと定義されており，国際 (　　　) は現在，1日1.9ドルとなっている。③7億人
　　　　　　　　　　　　poverty line
以上の人々が，現在，極度の貧困の中で生活しており，彼らの大部分は (　　　) に
　　　　　　　　　　　　　　　　　　　　　　　　　　　　　developing countries
いる。④彼らはしばしば，食べ物やきれいな水や住居を手に入れるのに苦労しており，
また，大部分が医療や教育の費用を (　　　) こともできない。⑤しかし，かなりの
　　　　　　　　　　　　　　　　　　cover
量の (　　　) 支援のおかげで，極度の貧困は1990年以来，減少してきている。
　　　humanitarian
⑥1990年には地球上の (　　　) の36%が極度の貧困の中で生活していたが，今日
　　　　　　　　　　　population
では，その数は10%に下がっている。⑦(　　　) 開発目標（SDGs）の一部として，
　　　　　　　　　　　　　　　　　　Sustainable
(　　　) は，2030年までに極度の貧困を完全に (　　　) ことを目指している。
the United Nations　　　　　　　　　　　　　　　　　　　　eliminate

➲ 次に前ページの英文の音声を3回聞き，3回音読しよう。

以下は前のページで見た文章である。音声を聞きながら空所を埋めよう。

①Those who live in poverty _____ to meet their basic needs. ②Extreme poverty, meanwhile, is defined as living _____, which now sits at $1.90/day. ③More than 700 million people currently live in extreme poverty, most of whom are located in developing countries. ④They regularly have trouble _____, and, for the most part, cannot cover medical or educational costs as well. ⑤However, _____ _____, _____ since 1990. ⑥While 36% of the global population lived in extreme poverty in 1990, today, that number is down to 10%. ⑦As part of _____ (SDGs), the United Nations _____ completely by 2030.

Output 1 | 英語で表現しよう

次の日本語訳から Warm-up の英文を思い出し，声に出しながら書いてみよう。

1. 極度の貧困状態にある人々は**財政的** [**金銭的**] **な**支援を与えられるべきだ。
2. **発展途上国**は先進国からの援助を必要としている。
3. 私たちは困窮している人々に**人道的な**支援を提供すべきだ。
4. SDGs は「**持続可能な**開発目標」という意味を表す。
5. 私たちは世界から貧困を**根絶する**ために熱心に働いている。

思考力チャレンジ　次の答えを日本語で言って／書いてみよう。英語で言って／書いてみよう。

・日本では 1.9 ドルで何が買えるか，何ができるかをいくつか考えてみよう。1 ドルが何円に当たるか分からなければ調べてみること。

Output 2 | 英語で表現しよう（104 ページ）

society
社会・経済②

TOPIC 17

民主主義と選挙権

「権利」とは，自分の利益のために何かをする資格・能力のこと。逆に言えば，権利を適切に行使しなければ自分の不利益になりかねないということだ。なぜ国民には選挙権があるのか。「民主主義」の「民」とは私たち1人ひとりのことなのだ。

▋▋ Warm-up ▏ キーワードを知ろう

🔊 A 17-1

➲ 各英文の日本語訳の（　）にはどんな言葉が入るか，前後関係から考えてみよう。

1. The Universal Declaration of **Human Rights** was adopted in 1948.
   世界（　　　）宣言は 1948 年に採択された。

2. We take part in the government through **representatives**.
   私たちは（　　　）を通じて政治に参加する。

3. I haven't decided yet who to vote for in this **election**.
   私は今回の（　　　）で誰に投票するかをまだ決めていない。

4. People have the right to vote in **democratic** nations.
   （　　　）国家においては，人々は投票する権利を持っている。

5. **Apathy** is one of the reasons voters don't go to the polls.
   （　　　）は，有権者が投票（所）に行かない理由の 1 つだ。

答え 1. human right ＝人権　　2. representative ＝代表者
3. election ＝選挙　　4. democratic ＝民主主義の
5. apathy ＝無関心

➲ 答えを確認したら音声を 3 回聞き，3 回音読しよう。

→ まずは最後まで読んでみよう。大体の意味が分かったら，**Q** の答えを考えよう。

①The Universal Declaration of Human Rights, which was adopted by
全世界の　　　　　宣言　　　　[　　]　　　　　　　　採択する

the United Nations in 1948, states that "Everyone has the right to take
国際連合　　　　　　　述べる

part in the government of his country, directly or through freely chosen
(A)　　　　　　　政治　　　　　　　直接に　　　　　　自由に選ばれた

representatives." ②In other words, voting is a human right. ③But
[　　]　　　　　　言い換えれば　　投票すること

5　not everyone votes in elections, even in democratic nations, where they
皆が～とは限らない　　　[　　]　　　　　　[　　]

are free to do so. ④In some cases, apathy keeps people from the polls.
(B)　　　　　　　　　　　　　[　]　(C)　　　　　　　投票所

⑤They might think, "Why bother? Politics has no effect on my life." ⑥In
(D)　　　　政治　　　　　影響

other cases, people are unable to take time off from work to go to their
～を休んで

nearest polling location, which could be miles away. ⑦The unfortunate
場所　　　　　～こともある

10　result is that freely elected governments are not always representative of
結果　　～ということ　　　　　政府　　　常に～とは限らない　　～を代表する

the majority of their citizens but only serve the will of those who are
過半数　　　　　　国民　　　　満足させる　(E)　　人々

politically active.
活動的な

Q1：6行目 do so が指す内容を文中から3語で抜き出そう。

Q2：11行目 their が指す内容を文中から3語で抜き出そう。

Q3：＿＿＿の語句のおおよその意味を前後の文脈から考えて，それぞれ選ぼう。

(A) ア　～に従う　　　　　イ　～に参加する

(B) ア　自由に～できる　　イ　無料で～できる

(C) ア　遠ざける　　　　　イ　守る

(D) ア　ぜひ投票したい　　イ　わざわざ投票したくない

(E) ア　将来　　　　　　　イ　意向

$\ell.3$　directly or through 〜 ▶個々の国民が政治に直接参加する「直接民主制」と，選挙で選ばれた代表者が政治を行う「間接民主制」のことを言っている（日本は後者）。

$\ell.5$　not everyone ▶部分否定。$\ell.10$ not always も部分否定。

$\ell.6$　apathy「無関心；無気力」▶voter apathy「有権者の無関心」ともいわれる。
　　　keep O from 〜「O を〜から遠ざけておく；O に〜させないようにする」

$\ell.7$　Why *do*?「なぜ〜する（必要がある）のか；そんな必要はない」▶反語。
　　　bother (to *do*)「わざわざ（〜）する」▶ここでは bother to vote ということ。

$\ell.8$　people are unable ... ▶欧米などでは投票日が平日であることも多い。

$\ell.11$　serve the will of 〜 politically active ▶投票率が低いと，本当の国民過半数の意向ではなく，積極的に投票する一部の人々の意向だけで政治が動きがちだということ。

【Q の答え】　**Q1**：votes in elections
　　　　　　　Q2：freely elected governments
　　　　　　　Q3：(A) イ　(B) ア　(C) ア　(D) イ　(E) イ

||| Review ｜ 確認しよう

⊙ 前ページの文章の日本語訳を読んで，（　　）の部分の意味が分かるか，確認しよう。

　①1948 年に国際連合によって採択された世界（　　　）宣言は，「すべての人は，
Human Rights
直接に，または自由に選出された（　　　）を通じて，自国の政治に参加する権利
representatives
を持っている」と述べている。②言い換えれば，投票することは（　　　）なのだ。
human right
③しかし，皆が（　　　）で投票するとは限らない。自由にそうすることのできる
election
（　　　）国家においてさえ，である。④ある場合には，（　　　）が人々を（　　　）
democratic　　　　　　　　　　　　　　apathy　　　　　polls
から遠ざけてしまう。⑤彼らは「なぜわざわざ投票するのか？（　　　）は私の生活
politics
に何の影響もないよ」と思っているかもしれない。⑥別の場合には，人々は何マイ
ルも離れていることもある最寄りの投票所に，仕事を休んで行く時間を取ること
ができない。⑦残念なことに結果として [←不幸な結果は〜ということだ]，自由に
選出された政府は，必ずしも（　　　）の（　　　）を代表するものではなく，政
citizens　　　majority
治的に（　　　）人々の意向を満足させるだけになってしまうのだ。
active

⊙ 次に前ページの英文の音声を 3 回聞き，3 回音読しよう。

⊙ 以下は前のページで見た文章である。音声を聞きながら空所を埋めよう。

①The _____, which was adopted by the United Nations in 1948, states that "Everyone has the right to take part in the government of his country, directly or _____." ②In other words, voting is a human right. ③But _____, _____, where they are free to do so. ④In some cases, _____. ⑤They might think, "Why bother? _____ my life." ⑥In other cases, people are unable to take time off from work to go to their nearest polling location, which could be miles away. ⑦The unfortunate result is that freely elected governments are not always representative of _____ _____ but only serve the will of those who are politically active.

Output 1 | 英語で表現しよう

⊙ 次の日本語訳から Warm-up の英文を思い出し，声に出しながら書いてみよう。

1. 世界人権宣言は 1948 年に採択された。
2. 私たちは代表者を通じて政治に参加する。
3. 私は今回の選挙で誰に投票するかをまだ決めていない。
4. 民主主義（の）国家においては，人々は投票する権利を持っている。
5. 無関心は，有権者が投票（所）に行かない理由の 1 つだ。

┊ 思考力チャレンジ │ ⊙ 次の答えを日本語で言って／書いてみよう。英語で言って／書いてみよう。
・集団の中で意見を言わないと損をするのはどんなとき？ 状況を想像してみよう。

⊙ Output 2 | 英語で表現しよう（104 ページ）

TOPIC 18

広告の効果

私たちにさまざまな商品・サービスを教えてくれる広告。しかし広告は，時に普通の記事や動画を装って消費者の欲求をかき立ててくるなど，どんどん巧妙になっている。当然，受け手にも相応の「広告リテラシー」が求められるわけだが…。

‖‖ Warm-up ｜ キーワードを知ろう　　🔊 A 18-1

⊙ 各英文の日本語訳の（ ）にはどんな言葉が入るか，前後関係から考えてみよう。

1. Websites are full of **advertisements** trying to sell you something.
   ウェブサイトは，あなたに何かを売ろうとする（　　　　）でいっぱいだ。

2. **A flyer** is a small printed sheet advertising a product or an event.
   （　　　　）とは，製品やイベントを宣伝する小さな印刷された紙だ。

3. The TV station **produces** good educational programs.
   そのテレビ局は優れた教育番組を（　　　　）。

4. Advertisers see children as potential **customers**.
   広告主は子どもを潜在的な（　　　　）と見なしている。

5. TV commercials **stimulate** viewers' desire to buy things.
   テレビコマーシャルは，物を買いたいという視聴者の欲求を（　　　　）。

答え 1. advertisement [ad] ＝広告；宣伝　　2. flyer ＝ちらし；宣伝ビラ
3. produce ＝制作する　　　　　　　　4. customer ＝顧客
5. stimulate ＝刺激する

⊙ 答えを確認したら音声を3回聞き，3回音読しよう。

➔ まずは最後まで読んでみよう。大体の意味が分かったら，**Q** の答えを考えよう。

①Advertisements are everywhere, well beyond the flyers in your
　　　　[　　]　　　　　　　　　はるかに　～を越えて　　　[　　]
mailbox and the commercials on online videos. ②Sometimes, TV shows
郵便受け　　　　　　　コマーシャル　　　ネット上の　動画
themselves are the advertisements, and I'm not talking about the
それ自体が
shopping channel. ③These days, it's not uncommon for toy companies to
ショッピング専用チャンネル　　　　最近では　　　　　(A)

5　produce entire TV programs to sell their products to children.
　　[　　]　　全体の　　　　　　　　　　　　製品
④Advertisers know that children can be willing customers, and the earlier
広告主　　　　　　　　　　　～し得る　積極的な　　[　　]　　　早ければ早いほど
they get children hooked, the more likely the children are to seek out the
　　　　　　　　(B)　　　　　可能性が高い　　　　　　探し出す
brands that advertisers promote. ⑤Week after week, these potential
商標　　　　　　　　　販売促進する　　毎週毎週　　　　　　潜在的な
customers are stimulated by hours of TV and online video programs.
　　[　　]　　何時間もの～

10 ⑥They are involved in a powerful marketing campaign without realizing
　　　　　　(C)　　　　　　　　マーケティング　活動　　　　　気づく
it, so it may seem unethical. ⑦Still, is it really so different from exposing
倫理に反する　　　(D)　　　　　　　　　　　　さらす
children to commercials during other video programs? ⑧We must
consider where to draw the line.
よく考える　　　　　　　(E)

Q1：6行目 Advertisers の具体例を，文中から 2 語で抜き出そう。

Q2：8行目 these potential customers が指すものを，文中から 1 語で抜き出そう。

Q3：＿＿＿の語句のおおよその意味を前後の文脈から考えて，それぞれ選ぼう。

(A) ア　よくある　　　　　　イ　めったにない

(B) ア　夢中で　　　　　　　イ　飽きて

(C) ア　～を巻き込んで　　　イ　～に巻き込まれて

(D) ア　それでも　　　　　　イ　まだ

(E) ア　興味を引く　　　　　イ　限度を決める

ℓ.4 it's not uncommon for A to *do*「A が～するのは珍しくない；よくある」▶for A は不定詞の意味上の主語。not uncommon は二重否定。

ℓ.6 the 比較級 ～, the 比較級 ...「～すればするほど…」▶後半は, the children are more likely to seek out ... が元の語順で, be likely to *do* の形。

ℓ.7 get children hooked「子どもを夢中にさせる」▶get O C の文型。hooked「夢中で」。

ℓ.8 brand「商標；ブランド名」▶いわゆる「（有名）ブランド」のことではない。
potential customer「潜在的な顧客；将来顧客になる可能性のある人」

ℓ.10 marketing「マーケティング」▶商品の企画・宣伝・販売の戦略に関わる活動。

ℓ.11 is it really so different ...▶コマーシャルとして作られた番組をそれと気づかせずに見せることと, 通常の番組にコマーシャルを添えることを比較している。

【Q の答え】　**Q1**：toy companies　　**Q2**：children
　　　　　　　Q3：(A) ア　(B) ア　(C) イ　(D) ア　(E) イ

‖‖ Review ┃ 確認しよう

⊙ 前ページの文章の日本語訳を読んで,（　　）の部分の意味が分かるか, 確認しよう。

①（　　　）はあらゆるところにあり, 郵便受けの（　　　）やネット動画のコマー
　　advertisements   flyer
シャルの範囲をはるかに越えている。②時には, テレビ番組自体が（　　　）であるが,
　　　　　　　　　　　　　　　　　　　　　　　　　　advertisements
私はショッピング専門チャンネルのことを言っているのではない。③最近では, おも
ちゃ会社が自社の（　　　）を子どもたちに売るためにテレビ番組全体を（　　　）
　　　　　　　products   produce
ことも珍しくない。④（　　　）は, 子どもが積極的な（　　　）になり得ることや,
　　　　　　　　advertisers   customers
子どもたちを夢中にさせるのが早ければ早いほど, 子どもたちは（　　　）が売り込
　　　　　　　　　　　　　　　　　　　　　　　　　　　　　　　advertisers
む（　　　）を探し出す可能性が高いことを知っているのだ。⑤毎週毎週, これらの
　　brands
潜在的な（　　　）は何時間ものテレビ番組やオンライン動画番組によって（　　　）
　　　　　customers   stimulate
される。⑥彼らは気づかないうちに強力なマーケティング活動に巻き込まれているの
で, それは（　　　）ように思えるかもしれない。⑦それでも, そのことは, 子ども
　　　　　unethical
たちを他の動画番組の間, コマーシャルに（　　　）ことと, 本当にそれほど違うだ
　　　　　　　　　　　　　　　　　　　　expose
ろうか。⑧私たちはどこに限度を決めるべきかをよく考えなければならない。

⊙ 次に前ページの英文の音声を 3 回聞き, 3 回音読しよう。

➔ 以下は前のページで見た文章である。音声を聞きながら空所を埋めよう。

①_____, well beyond _____

_____ and the commercials on online videos. ②Sometimes, TV shows themselves are the advertisements, and I'm not talking about the shopping channel. ③These days, it's not _____ entire TV programs to sell their products to children. ④Advertisers know that _____, and the earlier they get children hooked, the more likely the children are to seek out the brands that advertisers promote. ⑤Week after week, _____ by hours of TV and online video programs. ⑥They are involved _____ _____ without realizing it, so it may seem unethical. ⑦Still, is it really so _____ during other video programs? ⑧We must consider where to draw the line.

Output 1 英語で表現しよう

➔ 次の日本語訳から Warm-up の英文を思い出し、声に出しながら書いてみよう。

1. ウェブサイトは、あなたに何かを売ろうとする**広告**でいっぱいだ。
2. **ちらし**とは、製品やイベントを広告する小さな印刷された紙だ。
3. そのテレビ局は優れた教育番組を**制作する**。
4. 広告主は子どもを潜在的な**顧客**と見なしている。
5. テレビコマーシャルは、物を買いたいという視聴者の欲求を**刺激する**。

思考力チャレンジ ➔ 次の答えを日本語で言って／書いてみよう。英語で言って／書いてみよう。

・テレビでもネットでもいいので、印象に残っている広告を思い出してみよう。それは主にどんな人を対象にした広告で、なぜあなたの印象に残ったのだろうか。

➔ **Output 2** ｜ 英語で表現しよう（105 ページ）

社会・経済

→ 各課で見た表現を使って日本語に合う英文を完成し，声に出して言ってみよう。

TOPIC 16 　世界の貧困問題 [p.92]

1. 政府は貧困状態にある人々に**財政的な**支援を与えた。

   The government _____.

2. 先進国は**発展途上国**と協力する（cooperate with）べきだ。

   Developed _____.

3. 日本は，その国に**人道的**支援を提供した。

   Japan _____.

4. 私たちは，**持続可能**な開発のために何ができますか。

   What _____?

5. 私たちは 2030 年までに極度の貧困を**根絶**できると，私は思っています。

   I think _____ by 2030.

TOPIC 17 　民主主義と選挙権 [p.96]

1. 言い換えれば，誰もが**人権**を持っている。

   In other words, _____.

2. 私たちは選挙を通じて（through）私たちの**代表者**を選ぶ。

   We _____.

3. あなたは次の**選挙**で誰に投票するつもりですか。

   Who are you _____?

4. **無関心**は，**民主主義**国家において深刻な（serious）問題だ。

   _____ nations.

5. 政治は私たちの生活に大きな（great）**影響**を持っている。

   Politics _____.

1. ネット動画にはたくさんの**広告**がある。

   There are _____.

2. 私は今朝，私の郵便受けの中にそれらの**ちらし**を見つけた。

   _____ this morning.

3. あるおもちゃ会社が，このテレビ番組を**制作した**。

   A toy _____.

4. 私たちは子どもたちを潜在的な**顧客**と見なすべきではありません。

   We shouldn't _____.

5. 物を買いたいという私たちの欲求はテレビコマーシャルによって**刺激される**。

   Our desire _____.

【 解答例 】

TOPIC 16 世界の貧困問題
1. The government gave financial support to people in poverty.
2. Developed countries should cooperate with developing countries.
3. Japan provided humanitarian aid to the country.
4. What can we do for sustainable development?
5. I think we can eliminate extreme poverty by 2030.

TOPIC 17 民主主義と選挙権
1. In other words, everyone has human rights.
2. We choose our representatives through elections.
3. Who are you going to vote for in the next election?
4. Apathy is a serious problem in democratic nations.
5. Politics has a great effect on our lives.

TOPIC 18 広告の効果
1. There are a lot of advertisements[ads] on online videos.
2. I found those flyers in my mailbox this morning.
3. A toy company produced this TV program.
4. We shouldn't see children as potential customers.
5. Our desire to buy things is stimulated by TV commercials.

PICK UP

社会・経済

過去の入試で実際に出題されたトピックに触れて，トピック力の幅を広げよう。

◆フードロス　[秋田大学]

1.世界で生産される食料の30 ～ 50％が無駄になっている。このままでは 2.将来の食料需要を満たすことはできない。日本でも約40％の食料が 3.ごみになっている。4.食料安全保障のためにも，政府も国民も無駄を減らす努力が必要だ。

1. the food produced in the world　　2. meeting our future food demands

3. end up in the garbage　　4. food security

◆アメリカ社会の分断　[京都工芸繊維大学]

アメリカでは，1.貧富の差の拡大がさまざまな影響を及ぼしている。2.家庭の裕福さは人々の 3.社会的流動性［社会階層間での移動］にも関わる。貧富の差により，居住地，通う学校，結婚相手などの面で 4.アメリカ社会は分断されている。

1. growing gap between rich and poor　　2. family wealth

3. social mobility

4. American society has become divided

◆人口減少と高齢化　[早稲田大学]

日本は 1.減少し高齢化する人口に対処しなければならない。2.出生率を回復させ，3.人口減少を遅らせるために，若い世代が結婚し子どもを産みやすい環境が必要だ。経済維持のために 4.移民が解決策になるかどうかも広く議論すべきだ。

1. copes with the shrinking and aging population

2. restore the fertility rate　　3. slow the population decline

4. whether immigration can be a solution

◆外国人労働者の受け入れ　[**静岡大学**]

> ₁現在の労働力不足に対処するために，日本は₂外国人の人材を受け入れる取り組みを進めている。そのためにも₃多様な国籍と民族的背景を持つ人々がともに暮らす社会を実現し，₄偏見と差別を減らす必要がある。

1. the current workforce shortage

2. accept foreign talent

3. diverse nationalities and ethnic backgrounds

4. reduce prejudice and discrimination

◆ヘイトスピーチ　[**大阪教育大学**]

> アメリカの学校では₁自由な言論の保障と₂他人への侮辱的な発言の抑制との間で対立が続いている。大学の中には₃言論の規則［スピーチコード］を定めるところもあるが，₄何が「ヘイトスピーチ」と見なされるかを決めるのは難しい。

1. the guarantee of free speech　　2. speech that is offensive to others

3. speech codes　　　　　　　　　4. what is considered "hate speech"

英作文 出題例　まずは日本語でよいので，自分なりの答えを考えてみよう。

1. Should the number of foreign workers coming to Japan be increased?
   （日本にやって来る外国人労働者の数は増やされるべきか）[**山梨大学**]

2. Do you think it is important for high school students to vote in national elections?
   （高校生が国政選挙で投票することは重要だと思うか）[**福島大学**]

3. 次の英文を読んで，どちらの考えに賛成するか。
   Some people say that advertising encourages us to buy things we really do not need. Others say that advertisements tell us about new products that will improve our lives. （広告は私たちに不要なものを買わせるという人もいれば，私たちの生活を向上させる製品について情報を与えてくれるという人もいる）[**宮崎大学**]

TOPIC 19

時間認識の文化差

1分は60秒。1日は24時間。それが客観的・物理的な時間だ。しかし，その時間の捉え方，使い方は人間の文化の領分に属する。「集合時間は守らなきゃ」と感じるのも立派な文化。体に深く染みついた思考・行動の様式にも文化が表れている。

▌▌▌ Warm-up ┃ キーワードを知ろう　　　◀)) A 19-1

⊙ 各英文の日本語訳の（　）にはどんな言葉が入るか，前後関係から考えてみよう。

1. Every culture has a different **perception** of time.
   どの文化にも異なる時間の（　　　　）がある。

2. She worked hard to meet the **deadline** for the report.
   彼女は報告書の（　　　　）を守るために懸命に働いた。

3. Japanese people tend to hate being late for an **appointment**.
   日本人は（　　　）に遅れることを嫌う傾向がある。

4. Japanese trains are known for being **punctual**.
   日本の列車は（　　　）ことで知られている。

5. These meetings will be considered **wasteful** in America.
   アメリカではこれらの会議は（　　　）と見なされるだろう。

答え〈 1. perception ＝認識；捉え方　　　　2. deadline ＝締め切り
　　　 3. appointment ＝（人と会う）約束
　　　 4. punctual ＝時間を守る；時間に正確な　　5. wasteful ＝無駄な

⊙ 答えを確認したら音声を3回聞き，3回音読しよう。

➔ まずは最後まで読んでみよう。大体の意味が分かったら，**Q** の答えを考えよう。

①Time flows the same for everyone, but perceptions of time differ
　　流れる　　　　　　　　　　　　　　　　　　[　　]　　　　　　　異なる

considerably from country to country. ②In Japan, missing a deadline or
　かなり　　　　　　　　　　　　　　　　　　　　遅れる　　　　[　　]

being late for an appointment can be considered a grave sin.
　　　　　　　　　　　　　　[　　]　　　　　　見なす　　　　　　(A)

③Maintaining the schedules of its ultra-efficient train systems is almost
　　(B)　　　　　　　　　　　　　　　　　超効率的な

5　an obsession — ④even a small delay of a minute or so is considered late.
　　(C)　　　　　　　　　　　　　　遅れ　　　　　〜かそこら

⑤Not so in Italy, where the posted train schedules can't always be
　そうではない　　　　　　　　公表された

relied upon. ⑥But being punctual or not is just one aspect of time.
〜を当てにする　　　　　　　　[　　]　　　　　　　　　　側面

⑦When it comes to decision-making, Americans tend not to hesitate.
〜のこととなると　　　意思決定　　　　　　傾向がある　　　　ためらう

⑧"Time is money," they say, and any holdup preventing a business
　　　　　　　　　　　　　　　どんな〜も　(D)　　　妨げる

10　decision is considered wasteful. ⑨In Japan, however, business decisions
　　　　　　　　　　　　[　　]

must involve a careful analysis of past events, and plans rarely proceed
　　伴う　　　　　　　分析　　　　　出来事　　　　　　(E)　　　進む

until all possibilities are considered.
　　　　　可能性　　　　　検討する

Q1：2 行目 or は何と何を結ぶか，文中から 2 つの部分を抜き出そう。

Q2：4 行目と 10 行目の is の主語を，それぞれ中心となる 1 語で文中から抜き出そう。

Q3：＿＿の語句のおおよその意味を前後の文脈から考えて，それぞれ選ぼう。

(A) ア　重い罪　　　　　　イ　ちょっとした過ち

(B) ア　作成する　　　　　イ　維持する

(C) ア　自然な行為　　　　イ　強迫観念

(D) ア　遅れ　　　　　　　イ　誤解

(E) ア　たいてい〜する　　イ　めったに〜しない

‖‖ Review ｜ 確認しよう

◉ 前ページの文章の日本語訳を読んで，（　　　）の部分の意味が分かるか，確認しよう。

①時間はすべての人に同じように流れるが，時間の（　　　）は国によってかな
perceptions
り（　　　）。②日本では，（　　　）に遅れたり（　　　）に遅刻したりすること
differ　　　　　　　　deadline　　　　　　appointment
が重い罪と見なされることがある。③その［日本の］超効率的な鉄道システムのス
ケジュールを維持することは，ほとんど強迫観念になっている——④1 分かそこらの
小さな遅れでさえ，遅延していると見なされるのだ。⑤イタリアではそうではなく，
そこでは，公表された列車の時刻表が常に当てにできるとは限らない。⑥しかし，
（　　　）かどうかは，時間の 1 つの（　　　）に過ぎない。⑦意思決定のこととな
punctual　　　　　　　　　　　　aspect
ると，アメリカ人は躊躇をしない傾向がある。⑧「時は金なり」と彼らは言い，ビジ
ネス上の決定を（　　　）どんな遅れも（　　　）と見なされるのだ。⑨しかし日
prevent　　　　　　　wasteful
本では，ビジネス上の決定には過去の出来事の注意深い（　　　）が伴わねばならず，
analysis
すべての（　　　）が検討されるまで計画はめったに前へ進まないのだ。
possibilities

◉ 次に前ページの英文の音声を 3 回聞き，3 回音読しよう。

→ 以下は前のページで見た文章である。音声を聞きながら空所を埋めよう。

①Time flows the same for everyone, but _____ from country to country. ②In Japan, _____ or _____ can be considered a grave sin. ③Maintaining the schedules of its ultra-efficient train systems is almost an obsession — ④even a small delay of a minute or so is considered late. ⑤Not so in Italy, where the posted train schedules _____ _____. ⑥But _____ just one aspect of time. ⑦When it comes to decision-making, Americans tend not to hesitate. ⑧"Time is money," they say, and any holdup preventing a business decision _____. ⑨In Japan, however, business decisions must involve a careful analysis of past events, and plans rarely proceed _____.

| Output 1 | 英語で表現しよう

→ 次の日本語訳から Warm-up の英文を思い出し，声に出しながら書いてみよう。

1. どの文化にも異なる時間の**認識**［捉え方］がある。
2. 彼女は報告書の**締め切り**を守るために懸命に働いた。
3. 日本人は**約束**に遅れることを嫌う傾向がある。
4. 日本の列車は**時間を守る**［時間に正確な］ことで知られている。
5. アメリカではこれらの会議は**無駄**だと見なされるだろう。

思考力チャレンジ | → 次の答えを日本語で言って／書いてみよう。英語で言って／書いてみよう。

・時間に正確な日本文化。でも行き過ぎるとどんなデメリットがあるだろうか。

→ Output 2 | 英語で表現しよう（120 ページ）

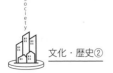

文化・歴史②

TOPIC 20

世界文化遺産

「賢者は歴史に学ぶ」という。しかし，私たちが歴史に学ぶことができるのも，過去の記録や遺物・遺跡が今の世に残っていればこそ。先人たちが貴重な歴史的遺産の保存に尽力してきた，その取り組みからも私たちは多くのことを学べるだろう。

‖‖ Warm-up ｜ キーワードを知ろう   🔊 A 20-1

⊙ 各英文の日本語訳の（　）にはどんな言葉が入るか，前後関係から考えてみよう。

1. The dam construction **threatens** to ruin those old temples.
   ダム建設はそれらの古い寺院を破壊する（　　　　）。

2. The Great Buddha of Todaiji Temple is a National **Treasure**.
   東大寺の大仏は国（　　　）［国の（　　　）］だ。

3. The temple was saved thanks to the **donations** from many people.
   その寺院は多くの人々からの（　　　）のおかげで救われた。

4. The Atomic Bomb Dome in Hiroshima is a World **Heritage** Site.
   広島の原爆ドームは世界（　　　）地*だ。

5. This museum has a lot of valuable cultural **assets**.
   この博物館には多くの貴重な文化（　　　）［文化的（　　　）］がある。

答え 1. threaten ＝恐れがある　　　2. treasure ＝宝；宝物
　　　3. donation ＝寄付金　　　　　4. heritage ＝遺産
　　　5. asset ＝資産；財産［cultural asset ＝文化財］
　　　＊World Heritage Site は単に「世界遺産」と呼ばれることが多い。

⊙ 答えを確認したら音声を3回聞き，3回音読しよう。

⊙ まずは最後まで読んでみよう。大体の意味が分かったら，**Q** の答えを考えよう。

①In 1959, the governments of Egypt and Sudan requested the
政府　　　　　　エジプト　　　　　スーダン　　要請する
assistance of UNESCO. ②A major dam project threatened to flood a
援助　　　ユネスコ　　　　　　　　　　　計画　　［　　］　　水没させる
large stretch of the Nile valley, endangering a variety of cultural
広がり　　　　　ナイル川　　　(A)
treasures. ③In response, UNESCO launched an 80-million-dollar
［　　］　　　　(B)　　　　　　　　　　　　開始する
5　campaign to relocate several important temples and excavate hundreds
運動　　　(C)　　　　　　　　　　　　　　寺院　　　発掘する
of sites. ④Thanks to the donations from around 50 countries, the
遺跡　　　〜のおかげで　　　　　［　　］　　およそ
campaign was a remarkable success, and several similar campaigns soon
注目すべき　　　　　　　　　　　同様の
followed. ⑤This work ultimately led to the 1972 formation of the World
後に続く　　　　　最終的には　　〜につながる　　　　　成立
Heritage Convention. ⑥Today, nearly 200 states work to protect and
［　　］　　　協定　　　　　　　　　　　(D)　　　　　　　守る
10　promote assets of both historic and natural value. ⑦Sites on the World
宣伝する　［　　］　　　　　　　　　　　価値　　場所
Heritage List not only gain international recognition but can also obtain
得る　　　　　　　(E)　　　　　　　　入手する
financial assistance from the World Heritage Fund to support
財政的な　　　　　　　　　　　　　　　　　　基金
conservation and preservation activities.
保護　　　　　　　維持

Q1：9 行目と 10 行目の and はそれぞれ何と何を結ぶか，文中から抜き出そう。

Q2： ＿＿ の語句のおおよその意味を前後の文脈から考えて，それぞれ選ぼう。

　　(A) ア　危険にさらす　　　　イ　危険を取り除く

　　(B) ア　それに応えて　　　　イ　それに反して

　　(C) ア　位置を定める　　　　イ　位置を変える

　　(D) ア　州　　　　　　　　　イ　国

　　(E) ア　批判　　　　　　　　イ　認知

‖ Review ｜ 確認しよう

⊙ 前ページの文章の日本語訳を読んで，（　　　）の部分の意味が分かるか，確認しよう。

①1959年，エジプトとスーダンの政府はユネスコ［国際連合教育科学文化機関］の援助を要請した。②大規模なダム計画がナイル川の谷の広範囲を水没させる（　　　），さまざまな文化的な（　　　）を危険にさらしていたのだ。③それに応え
<small>threatened</small>　　　　　　　　<small>treasures</small>
てユネスコは，いくつかの重要な（　　　）を移転させ，数百の遺跡を発掘するた
<small>temples</small>
めに8,000万ドルを募る運動を開始した。④およそ50か国からの（　　　）のおか
<small>donations</small>
げで，運動は（　　　）成功となり，いくつかの同様の運動がすぐに後に続いた。
<small>remarkable</small>
⑤この活動は最終的には1972年の世界（　　　）条約の（　　　）につながった。
<small>Heritage　　　formation</small>
⑥今日では，200近い国々が，歴史的価値を持つ（　　　）と自然的価値を持つ（　　　）
<small>assets　　　　　　　　assets</small>
の両方を守り，宣伝するために尽力している。⑦世界遺産リストに載っている場所は，
国際的な認知を得るだけでなく，（　　　）と維持の活動を支援するための財政的援
<small>conservation</small>
助を世界（　　　）（　　　）から受けることもできるのだ。
<small>Heritage　　Fund</small>

⊙ 次に前ページの英文の音声を3回聞き，3回音読しよう。

⊙ 以下は前のページで見た文章である。音声を聞きながら空所を埋めよう。

₁In 1959, the governments of Egypt and Sudan requested the assistance of UNESCO. ₂A major dam project _____ ____ of the Nile valley, endangering _____. ₃In response, UNESCO launched an 80-million-dollar campaign to relocate several important temples and excavate hundreds of sites. ₄_____ _____ around 50 countries, the campaign was a remarkable success, and _____. ₅This work ultimately led to the 1972 _____. ₆Today, nearly 200 states work to protect and promote _____. ₇Sites on the World Heritage List _____ but can also obtain financial assistance from the World Heritage Fund to support conservation and preservation activities.

| **Output 1** | 英語で表現しよう |

⊙ 次の日本語訳から Warm-up の英文を思い出し，声に出しながら書いてみよう。

1. ダム建設はそれらの古い寺院を破壊する**恐れがある**。
2. 東大寺の大仏は国宝［国の**宝物**］だ。
3. その寺院は多くの人々からの**寄付金**のおかげで救われた。
4. 広島の原爆ドームは世界**遺産**地だ。
5. この博物館には多くの貴重な文化**財**［文化的**資産**］がある。

┌───┐
│ **思考力チャレンジ** ⊙ 次の答えを日本語で言って／書いてみよう。英語で言って／書いてみよう。│
│ ・日本にある世界遺産を 1 つ取り上げて，2 〜 3 文で説明してみよう。│
└───┘

⊙ Output 2 ｜ 英語で表現しよう（120 ページ）

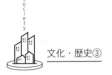

文化・歴史③

TOPIC 21

書物とデジタル

Information Technology（情報技術）という言葉を素直に解釈すれば，「文字」
も「書物」も，情報流通の歴史に革新をもたらしたITといえる。紙とデジタルは敵
同士ではない。文化を載せる器としてのITの先駆者と，その正当な後継者なのだ。

▮ Warm-up ｜ キーワードを知ろう

🔊 A 21-1

⊙ 各英文の日本語訳の（　）にはどんな言葉が入るか，前後関係から考えてみよう。

1. The **printing press** made books available to common people.
   （　　　　　）のおかげで本は一般人にも入手可能になった。

2. **Civilization** has advanced steadily for thousands of years.
   （　　　　　）は数千年間，着実に進歩してきた。

3. The secret of a good life is written in this ancient **document**.
   この古代の（　　　　）にはよい人生の秘けつが書かれている。

4. The Internet is a convenient tool for information **distribution**.
   インターネットは便利な情報（　　　）の手段だ。

5. Electronic **media** like digital books are quite popular.
   デジタルブックのような電子（　　　）はとても人気がある。

答え〈
1. printing press ＝印刷機
2. civilization ＝文明
3. document ＝文書
4. distribution ＝流通
5. media ＝媒体；メディア

⊙ 答えを確認したら音声を3回聞き，3回音読しよう。

➔ まずは最後まで読んでみよう。大体の意味が分かったら，**Q** の答えを考えよう。

①Before the printing press, publishing was a difficult process that
［ ］　　　　出版業　　　　　　　　　　工程
required people to copy books by hand. ②Johannes Gutenberg's
要求する　　　　　　書き写す　　　　　　　ヨハネス・グーテンベルク
invention transformed civilization by showing how printed materials
発明　　　一変させる　　　［ ］　　　　　　　　　素材
could be reproduced quickly, accurately, and inexpensively. ③Soon,
複製する　　　　　正確に　　　　　安価に
5 documents about everything from ancient knowledge to the latest
［ ］　　　　　　　　　　　古代の　　　　　　最新の
scientific findings were making their way across Europe and beyond.
研究成果　　　　　　(A)　　　　　　　　　　その先に
④Over the last several decades, the world has witnessed another
〜の間に　　　　10年間　　　　　　　目撃する
innovation in information distribution: the Internet. ⑤People can now
技術革新　　　　　　　　［ ］
publish materials using a variety of digital platforms, and consumers can
発表する　　　〜を使って　　　　　デジタル基盤　　　　消費者
10 access them online instantly. ⑥It was thought that electronic media
ネットで　即座に　　　　　　　　　　電子的な　［ ］
would make it difficult for books to survive, and many large corporate
生き延びる　　　　　　　企業の
bookstore chains have indeed disappeared. ⑦However, American
チェーン　　　実際に　　消える
independent bookstores are booming, so the age of physical books may
独立した　　　　　　(B)　　　　　　　(C)
yet have a few more chapters.
　　　(D)

Q1：2行目 Johannes Gutenberg's invention とは何か，文中から抜き出そう。

Q2：11行目 it の指す内容を文中から4語で抜き出そう。

Q3： ＿＿＿の語句のおおよその意味を前後の文脈から考えて，それぞれ選ぼう。

(A) ア 〜から伝わる　　　イ 〜に広まる

(B) ア 景気がよい　　　イ 景気が悪い

(C) ア 物理学の　　　　イ 有形の

(D) ア もうすぐなくなる　イ まだしばらく生き延びる

ℓ.2　Johannes Gutenberg ▶活字を使う活版印刷技術を発明した15世紀のドイツ人。

ℓ.4　reproduce「複製する；複写する」▶copy（ℓ.2）の言い換え。

ℓ.5　everything from A to B「AからBまでのあらゆるもの」

ℓ.6　make *one's* way across ～「～じゅうに進んで行く；広まる」
　　　and beyond「そして（さらに）その先に」▶この beyond は副詞。

ℓ.7　witness「目撃する」▶「世界が～を目撃した」→「世界で～が起こった」の意味。

ℓ.9　platform「プラットフォーム」▶デジタルサービスなどの提供基盤となる環境。

ℓ.11　would「～するだろう」▶主節 It was thought に合わせた時制の一致。

ℓ.13　independent ▶前行の「書店チェーン」に対して，「独立経営の」という意味。
　　　physical「物質の；手で触れられる；有形の」▶digital books に対する「紙の本」。

【Qの答え】　**Q1**：the printing press
　　　　　　　Q2：for books to survive ▶it は形式目的語で，make it C to *do* の文型。
　　　　　　　Q3：(A) イ　(B) ア　(C) イ　(D) イ

▌▌▌ Review ｜ 確認しよう

➔ 前ページの文章の日本語訳を読んで，（　　）の部分の意味が分かるか，確認しよう。

①（　　　　）がなかった頃，（　　　　）は人が本を手で書き写さねばならない困難
　printing press　　　　　　　publishing

な工程だった。②ヨハネス・グーテンベルクの（　　　　）は，印刷物がいかに速く，
　　　　　　　　　　　　　　　　　　　　　invention

（　　　　），安価に複製されうるかを示すことで，（　　　　）を一変させた。③まもなく，
accurately　　　　　　　　　　　　　　　civilization

古代の知識から最新の科学的研究成果まであらゆることに関する（　　　　）が，ヨー
　　　　　　　　　　　　　　　　　　　　　　　　　　documents

ロッパじゅうに，そしてその先に広まっていった。④この数十年の間に，世界は情

報（　　　　）におけるもう１つの（　　　　）を目撃した。インターネットである。⑤人々
　distribution　　　　　　innovation

は今やさまざまなデジタル基盤を使って素材を発表できるし，（　　　　）はそれらを
　　　　　　　　　　　　　　　　　　　　　　　　　　consumers

ネットで即座に手に入れることができる。⑥電子（　　　　）は本が生き延びることを
　　　　　　　　　　　　　　　　media

困難にするだろうと思われていたし，実際に，企業が経営する大規模な書店チェー

ンがたくさん姿を消した。⑦しかし，アメリカの独立系書店は景気がよいので，有

形の本の時代はまだもう少し続いていく［←もう数章ある］かもしれない。

➔ 次に前ページの英文の音声を３回聞き，３回音読しよう。

➔ 以下は前のページで見た文章である。音声を聞きながら空所を埋めよう。

①_____, publishing was a difficult process that required people to copy books by hand. ②Johannes Gutenberg's invention _____ printed materials could be reproduced quickly, accurately, and inexpensively. ③Soon, _____ _____ to the latest scientific findings were making their way across Europe and beyond. ④Over the last several decades, the world has witnessed _____: the Internet. ⑤People can now publish materials using a variety of digital platforms, and _____ _____ instantly. ⑥It was thought that _____ _____ for books to survive, and many large corporate bookstore chains have indeed disappeared. ⑦However, American independent bookstores are booming, so _____ may yet have a few more chapters.

Output 1 | 英語で表現しよう

➔ 次の日本語訳から Warm-up の英文を思い出し，声に出しながら書いてみよう。

1. **印刷機**のおかげで本は一般人にも入手可能になった。
2. **文明**は数千年間，着実に進歩してきた。
3. この古代の**文書**にはよい人生の秘けつが書かれている。
4. インターネットは便利な情報**流通**の手段だ。
5. デジタルブックのような電子**媒体**はとても人気がある。

思考力チャレンジ ➔ 次の答えを日本語で言って／書いてみよう。英語で言って／書いてみよう。

・紙の本とデジタルブックのそれぞれについて，長所・短所を挙げてみよう。

➔ **Output 2** | 英語で表現しよう（121 ページ）

文化・歴史

⊙ 各課で見た表現を使って日本語に合う英文を完成し，声に出して言ってみよう。

TOPIC 19 時間認識の文化差 [p.108]

1. 空間（space）の**認識** [**捉え方**] は文化によって異なる。
_____ to culture.

2. 彼はその報告書の**締め切り**に遅れた。
He _____ .

3. 私は**約束**に遅れるのが嫌いだ。
I _____ .

4. **時間を守る** [**時間に正確**である] ことは，ビジネスにおいてとても重要だ。
Being _____ in business.

5. 日本ではそのような会議は**無駄**とは見なされない。
Such meetings _____ .

TOPIC 20 世界文化遺産 [p.112]

1. そのダムは，いくつかの重要な寺院を水没させる**恐れがあった**。
The dam _____ .

2. それらの文化的な**宝物**は危険にさらされた。
Those _____ .

3. 多くの国々からの**寄付金**が，その寺院を救った。
_____ the temple.

4. 日本にはいくつの世界**遺産**（地）がありますか。
How _____ ?

5. 彼らは歴史的価値を持つ**資産**を守るために尽力している。
They work hard _____ .

書物とデジタル［p.116］

1. **印刷機**がなかった頃［**印刷機**以前には］，本はとても高価だった。

   Books were _____.

2. この発明は，多くの点で**文明**を一変させるだろう。

   _____ in many ways.

3. この古代の**文書**には何が書かれているのですか。

   What _____?

4. インターネットは情報**流通**における偉大な技術革新だ。

   The Internet _____.

5. デジタルブックのような電子**メディア**は，簡単に複製できる。

   Electronic _____ easily.

【解答例】

TOPIC 19　**時間認識の文化差**

1. <u>Perceptions of space differ[are different] from culture</u> to culture.
2. He <u>missed the deadline for the report</u>.
3. I <u>hate being [to be] late for an appointment[for appointments]</u>.
4. Being <u>punctual is very important</u> in business.
5. Such meetings <u>aren't considered wasteful in Japan</u>.

TOPIC 20　**世界文化遺産**

1. The dam <u>threatened to flood some important temples</u>.
2. Those <u>cultural treasures were endangered</u>.
3. <u>The donations from many countries saved</u> the temple.
4. How <u>many World Heritage Sites are there in Japan</u>?
5. They work hard <u>to protect assets of historic value</u>.

TOPIC 21　**書物とデジタル**

1. Books were <u>very expensive before the printing press</u>.
2. <u>This invention will transform civilization</u> in many ways.
3. What <u>is written in this ancient document</u>?
4. The Internet <u>is a great innovation in information distribution</u>.
5. Electronic <u>media like digital books can be reproduced</u> easily.

PICK UP

文化・歴史

過去の入試で実際に出題されたトピックに触れて，トピック力の幅を広げよう。

◆アメリカ人とチップ　[**明治大学**]

1.アメリカのチップ文化はサービス業従業員の 2.安い最低賃金を補う働きもしている。アメリカ人は 3.勤勉が報われる社会が望ましいと考えており，従業員に十分なチップを渡すことで，4.気前がよい［寛大］と思ってもらいたいのだ。

1. tipping culture in America　　　2. low minimum wage

3. hard work is rewarded　　　4. want to be seen as generous

◆江戸時代の都市文化　[**早稲田大学**]

江戸時代，1.印刷技術と読み書き能力の急拡大により，需要に応えて多くの作家や芸術家が誕生した。彼らの作品は 2.商人や職人の価値観を反映していた。さらに 3.商業的な芸術形態だけではなく，4.アマチュア芸術もまた急増した。

1. an explosion of printing and literacy

2. the values of merchants and artisans

3. the commercial forms of art　　　4. amateur arts also proliferated

◆世界を動かしたスパイス　[**宮城教育大学**]

かつて香辛料貿易は 1.最も重要な国際ビジネスの1つで，2.香辛料貿易の支配により国々は富み栄えた。ヨーロッパ各国は香辛料を求めて 3.インドへ航海する方法を見つけ，アジアで 4.発見した国々や民族を支配して帝国を建設した。

1. one of the most important international businesses

2. control of the spice trade　　　3. found ways to sail to India

4. take over the countries and peoples they discovered

◆農耕の発展　[兵庫県立大学]

大昔，移動しながら 1.狩猟採集民として暮らしていた人々は，2.農耕の発展により 3.1カ所に定住するようになった。やがて 4.食料の余剰分を他の製品と交換する余裕ができると，農民以外に，各種製品を作る職人という仕事が生まれた。

1. lived as hunters and gatherers　　2. the development of farming

3. settle down in one place　　4. surplus of food

◆お金の歴史　[埼玉大学]

1.物々交換経済においては物ごとに交換比率を覚えておく必要があったが，お金が発明されると 2.異なる商品の価値を簡単に比べられるようになった。3.お金と交換で何でも手に入り，4.財産を蓄えたり運んだりするのも容易になった。

1. barter economy　　2. the value of different commodities

3. in exchange for money　　4. store and transport wealth

英作文　出題例　まずは日本語でよいので，自分なりの答えを考えてみよう。

1. Describe a tradition in Japan that is disappearing, and give your opinion about this change.（消えつつある日本の伝統を 1 つ説明し，その変化について意見を述べなさい）

[滋賀大学]

2. E-books are becoming more popular year by year. Do you think publishers will stop making paper books? Explain.（電子書籍が年々人気を増している。出版社は紙の本を作るのをやめると思うか）[秋田県立大学]

3. Which country or culture do you think has made the most important contributions throughout history? Write an essay in English with examples to support your explanation.（どの国や文化が歴史を通じて最も重要な貢献をしたと思うか，具体例とともに英語で論じなさい）[京都教育大学]

国際・
グローバル化①

TOPIC 22
カワイイ・アニメ・マンガ

---
kawaii, anime, manga は今や英米の辞書にも載っている。日本のアニメを指す

Japanimation という言葉もある。あらゆる情報がリアルタイムで世界の隅々まで届

くグローバル時代。その象徴的な例として日本発の kawaii を取り上げてみよう。

▌▌ Warm-up ｜ キーワードを知ろう　　🔊 A 22-1

⊙ 各英文の日本語訳の（　）にはどんな言葉が入るか，前後関係から考えてみよう。

1. Kawaii has become part of the youth **subculture** worldwide.
   カワイイは世界中で若者の（　　　）の一部になっている。

2. Pop culture is a major Japanese cultural **export**.
   大衆文化は主要な日本の文化的（　　　）だ。

3. These cute **characters** appear in Japanese anime and manga.
   これらのかわいい（　　　）は日本のアニメやマンガに登場する。

4. Movies have helped to **shape** our perception of America.
   映画はアメリカに対する私たちの認識を（　　　）のに役立ってきた。

5. The "**cult** of cute" has a significant influence on world culture.
   「かわいさへの（　　　）」は世界の文化にかなりの影響を与えている。

答え ⟨ 1. subculture ＝サブカルチャー　　2. export ＝輸出品
　　　 3. character ＝キャラクター；登場人物
　　　 4. shape ＝形作る　　　　　　　　　5. cult ＝崇拝；熱中

⊙ 答えを確認したら音声を 3 回聞き，3 回音読しよう。

⮕ まずは最後まで読んでみよう。大体の意味が分かったら，**Q** の答えを考えよう。

①Japan's kawaii subculture is said to have emerged some fifty years
[　　]　　　　〜したといわれている　　出現する　　約

ago as a means of rejecting Japanese traditions. ②Members were often
(A)　　　拒絶する

students, and they adopted childlike ways of expressing themselves by
採用する　子どものような　　　　　　表現する

wearing pink costumes and carrying cute stuffed toy accessories. ③Today,
衣装　　　　　　　　　　ぬいぐるみ　　アクセサリー

5　kawaii has gained worldwide popularity, thanks in part to government
世界中での　　人気　　　　in part
(B)

efforts to spread awareness of Japanese culture. ④Kawaii also reaches
広める　認識　　　　　　　　　　　　　　　　届く

foreign audiences through other major Japanese exports: anime and
受け手　　　　　　　　　　　　　　　　　　　　　[　　]

manga. ⑤Popular characters are known from Morocco to Mexico, and
[　　]　　　　　　　　　　モロッコ

global media sales are projected to exceed $30 billion by the mid-2020s.
各種メディアの 売上　　(C)　　　　超える　　　　　　2020年代半ば

10　⑥Kawaii has not only helped to shape foreign perceptions of Japan, but
〜だけでなく　　　　　[　　]　　　認識

it has also had a significant influence on pop culture around the world,
かなりの　　　　　　　大衆の

finding its way into cartoons, artworks, and fashion. ⑦It seems that the
(D)　　アニメーション　芸術作品　　　　　〜のようだ

"cult of cute" is here to stay.
[　　]　　　　(E)

Q1：5 行目 worldwide とほぼ同じ意味の語句を 2 つ，文中から抜き出そう。

Q2：11 行目 it の指すものを文中から抜き出そう。

Q3：＿＿の語句のおおよその意味を前後の文脈から考えて，それぞれ選ぼう。

(A) ア　意義　　　　　　　イ　手段

(B) ア　主として　　　　　イ　ある程度

(C) ア　予測されている　　イ　計画されている

(D) ア　〜に影響される　　イ　〜に入り込む

(E) ア　定着している　　　イ　広まっていない

▌▌▌ Review ┃ 確認しよう

⊙ 前ページの文章の日本語訳を読んで，（　　）の部分の意味が分かるか，確認しよう。

①日本のカワイイ（　　）は約 50 年前に，日本的伝統を（　　）手段として
　　　　　　　subculture　　　　　　　　　　　　reject
出現したといわれている。②メンバーはしばしば学生で，彼らはピンクの衣装を着てかわいいぬいぐるみのアクセサリーを持つことで，子どものような自己表現の方法を採った。③今日，カワイイは，日本文化の（　　）を広める政府の努力のおか
　　　　　　　　　　　　　　　　　　　　　　awareness
げもいくらかあって，（　　）人気を得ている。④カワイイはまた，他の主要な日
　　　　　　　　worldwide
本の（　　）であるアニメとマンガを通じても外国の（　　）に届く。⑤人気の
　　exports　　　　　　　　　　　　　　　　　　audiences
（　　）はモロッコからメキシコまで［世界中に］知られており，全世界での各種
characters
メディアの売り上げは，2020 年代半ばまでに 300 億ドルを超えると予想されている。

⑥カワイイは日本に対する外国人の認識を（　　）のに役立ってきただけではなく，
　　　　　　　　　　　　　　　　　　　shape
世界中の（　　）にかなりの影響を与えており，アニメーションや芸術作品やファッ
　　pop culture
ションにも入り込んでいる。⑦「かわいさへの（　　）」は定着しているようだ。
　　　　　　　　　　　　　　　　　　　　cult

⊙ 次に前ページの英文の音声を 3 回聞き，3 回音読しよう。

⊙ 以下は前のページで見た文章である。音声を聞きながら空所を埋めよう。

① _____ said to have emerged some fifty years ago as a means of rejecting Japanese traditions. ②Members were often students, and they adopted childlike ways of expressing themselves by wearing pink costumes and carrying cute stuffed toy accessories. ③Today, _____, thanks in part to government efforts to spread awareness of Japanese culture. ④Kawaii also reaches foreign audiences _____: anime and manga. ⑤_____ from Morocco to Mexico, and global media sales are projected to exceed $30 billion by the mid-2020s. ⑥Kawaii has not only helped to _____, but it has also had _____ around the world, finding its way into cartoons, artworks, and fashion. ⑦It seems that _____ _____ to stay.

Output 1 | 英語で表現しよう

⊙ 次の日本語訳から Warm-up の英文を思い出し，声に出しながら書いてみよう。

1. カワイイは世界中で若者の**サブカルチャー**の一部になっている。
2. 大衆文化は主要な日本の文化的**輸出品**だ。
3. これらのかわいい**キャラクター**は日本のアニメやマンガに登場する。
4. 映画はアメリカに対する私たちの認識を**形作る**のに役立ってきた。
5. 「かわいさへの**崇拝**」は世界の文化にかなりの影響を与えている。

> **思考力チャレンジ** ⊙ 次の答えを日本語で言って／書いてみよう。英語で言って／書いてみよう。
>
> ・日本発で世界に広まっている「文化的輸出物」には，他に何があるだろうか。

⊙ Output 2 | 英語で表現しよう（136 ページ）

国際・
グローバル化②

TOPIC 23

異文化間理解

例えば，中国語で「湯」は「スープ」を意味する。異文化間においては，似ている
ことが思わぬ落とし穴になる場合も多い。文化の異なる人々との接触が日常化した
現在，私たちに求められるのは，違いを敏感に感じ取り，受け入れる心構えだ。

‖ Warm-up ｜ キーワードを知ろう　　　　　　　◀)) A 23-1

⊙ 各英文の日本語訳の（　）にはどんな言葉が入るか，前後関係から考えてみよう。

1. **Cross-cultural** understanding is essential in the global age.
   （　　　）理解は，グローバル時代には必要不可欠だ。

2. Translating devices **facilitate** international interaction.
   翻訳機は国際的な交流を（　　　）。

3. Language is merely one **aspect** of international communication.
   言語は，国際コミュニケーションの１つの（　　　）にすぎない。

4. She is **receptive** to cultural differences between countries.
   彼女は国々の間の文化の違いに（　　　）。

5. I was too **narrow-minded** to accept their point of view.
   私は（　　　）すぎて，彼らの見方を受け入れることができなかった。

答え〈　1. cross-cultural ＝異文化間の　　　2. facilitate ＝容易にする；円滑にする
　　　　3. aspect ＝側面　　　　　　　　　4. receptive ＝理解がある；受容力がある
　　　　5. narrow-minded ＝心が狭い；偏狭な

⊙ 答えを確認したら音声を３回聞き，３回音読しよう。

➔ まずは最後まで読んでみよう。大体の意味が分かったら，**Q** の答えを考えよう。

①Cross-cultural understanding is essential for navigating the worlds
[   ]　　　　　　　　　　　　　　　　必要不可欠な　　うまくやっていく

of both business and politics as travel between nations becomes more
　　　　　　　　　　　　　　　　　　　　　～につれて　移動

common and convenient. ②In our increasingly connected world, one
(A)　　　　手軽な　　　　　　　　　　　ますます　　結びついた　　　　　人

cannot rely on technologies alone to facilitate international interaction.
　　頼る　　　　　　　　　　　　　～だけ　　　　[   ]　　　　　　　　　交流

5　③Our handheld devices offer us instant translations of both text and
　　　手持ちサイズの　　　　　　　　　　　即座の　　翻訳　　　　　　　(B)

speech, but language is merely one aspect of communication. ④Even
(C)　　　　　　　　～にすぎない　　　[   ]

those who share a mother tongue can find social communication
人々　　　共有する　　　母語　　　～と思う

complicated. ⑤For example, in the United States, "sorry" is often
複雑な

considered an admission of guilt. ⑥Meanwhile, in neighboring Canada,
見なす　　　(D)　　　　罪　　　一方では　　　　隣接する

10 the word is used so frequently that one province created the Apology
　　　　　　　　　　　頻繁に　　　　　　　　州　　　　　　　　謝罪

Act, a law that states that an apology bears no legal significance. ⑦The
(E)　　　　　述べる　　　　　　　持つ　　法的な　　意味

21st century demands that we be receptive to such differences rather than
　　　　　　要求する　　　　　[   ]　　　　　　　　　　　～よりむしろ

closing ourselves off with narrow-minded views.
自分に閉じこもる　　　　　[   ]　　　考え方

Q1：10 行目 the word とは何か，文中から抜き出そう。

Q2：＿＿の語句のおおよその意味を前後の文脈から考えて，それぞれ選ぼう。

(A) ア　共通の　　　　　　　イ　普通の

(B) ア　教科書　　　　　　　イ　文字の文章

(C) ア　講演　　　　　　　　イ　話し言葉

(D) ア　認めること　　　　　イ　隠すこと

(E) ア　行動　　　　　　　　イ　法令

ℓ.5　offer us instant translations「私たちに即座の翻訳を提供する」

　　　text「テキスト；文字の文章」▶ここでは，音声ではなく文字による言葉のこと。

ℓ.6　speech「話し言葉」▶text に対して，音声による言葉のこと。

ℓ.7　find O (to be) 〜「O が〜だと思う」

ℓ.9　guilt「罪（があること）；有罪」▶admit guilt（有罪を認める）の admit を名詞形にしたのが admission of guilt（有罪を認めること）という形。

ℓ.11　act「法律；法令」▶the Apology Act は，次のコンマのあとの a law 〜と同格。

　　　a law that states that 〜「〜と述べる法律」▶2つの that はそれぞれ関係詞と接続詞。

　　　legal significance「法的意味」▶ここで「法的意味を持たない」とは，「謝罪しても（アメリカと違って）自分が有罪だと認めたことにはならない」ということ。

ℓ.12　demand that 〜「〜するよう要求する」▶that 節内の原形 be に注意。

【Q の答え】　Q1：sorry

　　　　　　　Q2：(A) イ　(B) イ　(C) イ　(D) ア　(E) イ

‖‖ Review ｜ 確認しよう

⊙ 前ページの文章の日本語訳を読んで，（　　　）の部分の意味が分かるか，確認しよう。

①国々の間の移動がより普通で手軽になるにつれて，（　　　）理解は，ビジネス
　　　　　　　　　　　　　　　　　　　　　　　cross-cultural
と政治の両方の世界でうまくやっていくために（　　　）になっている。②ますます
　　　　　　　　　　　　　　　　　　　　　　essential
結びつきを強める私たちの世界において，国際的な（　　　）を（　　　）ために
　　　　　　　　　　　　　　　　　　　　interaction　　　facilitate
テクノロジーだけに頼ることはできない。③携帯機器がテキスト［文字の文章］も
話し言葉も即座に翻訳してくれるが，言語はコミュニケーションの1つの（　　　）
　　　　　　　　　　　　　　　　　　　　　　　　　　　　　　　　aspect
に過ぎない。④（　　　）を同じくする人々でさえ，社会的コミュニケーションが
　　　　　mother tongue
（　　　）だと思うことがある。⑤例えば，アメリカ合衆国では「ごめんなさい」は
complicated
罪を認めることとしばしば見なされる。⑥一方，隣接するカナダではその言葉がと
ても頻繁に使われるので，ある州は，謝罪が法的な（　　　）を持たないことを述
　　　　　　　　　　　　　　　　　　　　　　　significance
べる法律である「謝罪法」を定めた。⑦21世紀は，私たちが（　　　）考え方を持っ
　　　　　　　　　　　　　　　　　　　　　　　　　narrow-minded
て自分に閉じこもるより，むしろそうした違いに（　　　）ことを要求するのである。
　　　　　　　　　　　　　　　　　　　　　　　receptive

⊙ 次に前ページの英文の音声を3回聞き，3回音読しよう。

➔ 以下は前のページで見た文章である。音声を聞きながら空所を埋めよう。

①_____ for navigating the worlds of both business and politics as travel between nations becomes more common and convenient. ②In our increasingly connected world, one cannot rely on technologies alone _____. ③Our handheld devices _____ of both text and speech, but language is _____. ④Even those who share a mother tongue can find social communication complicated. ⑤For example, in the United States, "sorry" is often considered an admission of guilt. ⑥Meanwhile, in neighboring Canada, the word _____ _____ one province created the Apology Act, a law that states that an apology bears no legal significance. ⑦The 21st century demands that _____ rather than closing _____ _____.

||| **Output 1** | 英語で表現しよう

➔ 次の日本語訳から Warm-up の英文を思い出し、声に出しながら書いてみよう。

1. **異文化間の**理解は、グローバル時代には必要不可欠だ。
2. 翻訳機は国際的な交流を**容易にする**。
3. 言語は、国際コミュニケーションの1つの**側面**にすぎない。
4. 彼女は国々の間の文化の違いに**理解がある**。
5. 私は**偏狭**すぎて、彼らの見方を受け入れることができなかった。

┌───┐
│ **思考力チャレンジ** ➔ 次の答えを日本語で言って／書いてみよう。英語で言って／書いてみよう。 │
│ ・外国の習慣や考え方に違和感を覚えたことはある？ そう感じた理由は？ │
└───┘

➔ Output 2 | 英語で表現しよう（136ページ）

TOPIC 24

グローバル化の功罪

国境を越えた人・もの・情報の移動は最近始まったことではない。しかし，テクノロジーの発展とともに加速してきたグローバル化は，今や地球全体を巻き込みつつある。そこではどんなメリットが生まれ，どんな問題が生じているのだろうか。

‖‖ Warm-up ｜ キーワードを知ろう　　　🔊) A 24-1

⊙ 各英文の日本語訳の（　）にはどんな言葉が入るか，前後関係から考えてみよう。

1. The problems with globalization are mostly **interconnected**.
   グローバル化に関する問題は，たいてい（　　　　）ものだ。

2. The world is changing at an **unprecedented** pace.
   世界は（　　　）速さで変化している。

3. Cultural **diversity** gives you different perspectives.
   文化的な（　　　）は，さまざまなものの見方を与えてくれる。

4. It is often said that Japan is a **homogeneous** society.
   日本は（　　　）社会だとよく言われる。

5. Globalization sometimes causes **conflicts** between countries.
   グローバル化は，時に国家間の（　　　　）を引き起こす。

答え

1. interconnected ＝相互に関連した；相互につながった
2. unprecedented ＝空前の；前例のない　　3. diversity ＝多様性
4. homogeneous ＝均質的な；同質的な　　5. conflict ＝衝突；紛争

⊙ 答えを確認したら音声を 3 回聞き，3 回音読しよう。

➔ まずは最後まで読んでみよう。大体の意味が分かったら，**Q** の答えを考えよう。

①Globalization is the process by which people, goods, and ideas move
グローバル化　　　　　　過程　　　　　　　　商品

easily across borders, resulting in a more interconnected society. ②It began
国境　　結果的に~を生じる　　　　　　[　　]

with the Industrial Revolution and today continues at an ever-accelerating
産業革命　　　　　　　　続く　　　　　絶えず加速する

pace by means of the Internet. ③Some welcome the benefits globalization
速さ　　~によって　　　　　　一部の人　歓迎する　　利益

5　offers. ④The economies of developing countries, for example, have gained
経済圏　　　　発展途上国

unprecedented access to markets in need of cheap goods and labor.
[　　]　　利用機会　　　市場　　(A)　　　　　　　　労働力

⑤However, anti-globalization advocates argue that globalization has given
反~　　　　　(B)　　主張する

too much power to large, international e-commerce and technology
電子商取引

companies. ⑥Some also fear that cultural diversity is decaying, resulting in
企業　　　　　　　恐れる　　　　　[　　]　　(C)

10　a more homogeneous society. ⑦Furthermore, increased trade and travel
[　　]　　　　　　その上　　増加した　貿易　　人の移動

have contributed to such problems as climate change. ⑧The irony is that
(D)　　　　　　　気候変動　　　　皮肉

many conflicts that require international cooperation to solve are
[　　]　　必要とする　　　　　(E)

themselves the result of globalization.
それ自体

Q1：3行目 continues の主語を文中から抜き出そう。

Q2：_____ の語句のおおよその意味を前後の文脈から考えて，それぞれ選ぼう。

(A) ア　~を必要とする　　　イ　~を提供する

(B) ア　支持者　　　　　　　イ　反対者

(C) ア　増加する　　　　　　イ　衰退する

(D) ア　~の一因となる　　　イ　~の歯止めとなる

(E) ア　協力　　　　　　　　イ　企業

■─┤ ポ イ ン ト ├──────────────────────────

ℓ.1　the process by which ～「（それによって）～する過程」▶前置詞＋関係代名詞。

ℓ.3　ever- ～「絶えず～」▶分詞や形容詞の前について，複合語を作る。

ℓ.4　the benefits (that) globalization offers「グローバル化が提供する利益」

ℓ.5　gain access to markets「市場の利用機会を得る；市場に参入する」

ℓ.6　in need of ～「～を必要とする」▶ここでは直前の markets を修飾する。

ℓ.10　homogeneous society「均質的な社会」▶diversity に乏しい社会ということ。

　　　increased trade and travel「増加した貿易と人の移動；貿易と人の移動の増加」

ℓ.11　irony「皮肉」▶国際協力による衝突の解決が可能なのはグローバル時代ならではだが，そもそもグローバル時代でなければそれらの衝突は起こっていなかったはずだ，という皮肉。

ℓ.12　to solve「解決するために」▶目的語に当たるのは前の conflicts。

ℓ.13　themselves「それ自体が」▶主語 conflicts を強調する再帰代名詞。

【Q の答え】　**Q1**：It [＝globalization]（ℓ.2）
　　　　　　　Q2：(A) ア　(B) ア　(C) イ　(D) ア　(E) ア

Review ｜ 確認しよう

⊙ 前ページの文章の日本語訳を読んで，（　）の部分の意味が分かるか，確認しよう。

①グローバル化とは，人や（　　　）や考えが（　　　）をやすやすと越え，結果
goods　　　　　　　　　　　　　borders
的に，より（　　　）社会が生じる過程である。②それは産業革命とともに始まり，
interconnected
今日もインターネットによって，絶えず加速するペースで続いている。③一部の人は，
グローバル化が提供してくれる利益を歓迎する。④例えば，発展途上国の経済圏は，
安い商品と労働力を必要とする（　　　）に，（　　　）利用機会を得てきた。⑤し
markets　　unprecedented
かし，反グローバル化の支持者は，グローバル化が（　　　）やテクノロジーの国
e-commerce
際的大企業に大きな力を与えすぎていると主張する。⑥一部の人々はまた，文化的
な（　　　）が衰退しており，結果的により（　　　）社会が生じることを恐れて
diversity　　　　　　　　homogeneous
いる。⑦その上，（　　　）や人の移動が増加したことが，気候変動のような問題の
trade
一因となっている。⑧皮肉なのは，解決するために国際協力を必要とする多くの
（　　　）それ自体が，グローバル化の結果だということである。
conflicts

⊙ 次に前ページの英文の音声を 3 回聞き，3 回音読しよう。

→ 以下は前のページで見た文章である。音声を聞きながら空所を埋めよう。

①Globalization is the process by which people, goods, and ideas move easily across borders, resulting ＿＿＿＿＿＿＿＿＿＿＿＿＿. ②It began with the Industrial Revolution and today continues at an ever-accelerating pace by means of the Internet. ③Some welcome ＿＿＿＿＿＿ ＿＿＿＿＿＿＿. ④The economies of developing countries, for example, have ＿＿＿＿＿＿＿＿＿＿ markets in need of cheap goods and labor. ⑤However, anti-globalization advocates argue that globalization has ＿＿＿＿＿＿＿＿＿＿ large, international e-commerce and technology companies. ⑥Some also fear that ＿＿＿＿ ＿＿＿＿＿＿＿＿, ＿＿＿＿＿＿＿＿＿＿ society. ⑦Furthermore, increased trade and travel have contributed to such problems as climate change. ⑧The irony is that ＿＿＿＿＿＿＿＿＿＿ to solve are themselves the result of globalization.

Output 1 | 英語で表現しよう

→ 次の日本語訳から Warm-up の英文を思い出し、声に出しながら書いてみよう。

1. グローバル化に関する問題は、たいてい**相互に関連した**ものだ。
2. 世界は**空前の**速さで変化している。
3. 文化的な**多様性**は、さまざまなものの見方を与えてくれる。
4. 日本は**均質的な**社会だとよく言われる。
5. グローバル化は、時に国家間の**衝突**を引き起こす。

> **思考力チャレンジ** → 次の答えを日本語で言って／書いてみよう。英語で言って／書いてみよう。
>
> ・あなたの身近で、グローバル化の結果・影響と思われる例を3つ考えてみよう。

→ **Output 2** | 英語で表現しよう（137 ページ）

国際・グローバル化

⊙ 各課で見た表現を使って日本語に合う英文を完成し，声に出して言ってみよう。

TOPIC 22 　カワイイ・アニメ・マンガ［p.124］

1. 日本のカワイイ**サブカルチャー**は，最近，世界中の人気を得ている。
_____ recently.

2. アニメとマンガは，日本の主要な文化的**輸出品**だ。
Anime _____ .

3. 日本のアニメ**キャラクター**は，私の国でも人気がある。
Japanese _____ in my country, too.

4. ある国に対する外国人の認識は，しばしば映画によって**形作ら**れる。
Foreign _____ by movies.

5. 「かわいさへの**崇拝**」は日本の大衆文化の重要な一部だ。
_____ is an _____ .

TOPIC 23 　異文化間理解［p.128］

1. ビジネスや政治において，**異文化間の**交流が必要不可欠だ。
_____ in business and politics.

2. 翻訳機は，外国人とのコミュニケーションを**容易にする**。
Translating devices _____ .

3. 文法は，言語の１つの**側面**に過ぎない。
Grammar _____ .

4. グローバル時代は，私たちが文化の違いに**理解がある**ことを要求する。
The global age demands that _____ .

5. あなたは，**心の狭い**考え方を持って自分に閉じこもってはいけない。
You mustn't _____ .

グローバル化の功罪 ［p.132］

1. 21世紀において，私たちは皆，**お互いにつながり合った**社会に住んでいる。

   In the 21st century, we _____.

2. グローバル化は**空前の**速さで続いている。

   _____ pace.

3. 文化的**多様性**は私たちに多くの利益を与えてくれる。

   _____ benefits.

4. グローバル化の結果，より**均質的な**社会になる（result）かもしれない。

   Globalization may _____.

5. それらの**衝突**を解決するためには国際協力が必要だ。

   International _____.

【解答例】

TOPIC 22　**カワイイ・アニメ・マンガ**

1. Japan's kawaii subculture has gained worldwide popularity recently.
2. Anime and manga are major Japanese cultural exports.
3. Japanese anime characters are popular in my country, too.
4. Foreign perceptions of a country are often shaped by movies.
5. The "cult of cute" is an important part of Japanese pop culture.

TOPIC 23　**異文化間理解**

1. Cross-cultural interaction is essential in business and politics.
2. Translating devices facilitate communication with foreigners.
3. Grammar is merely one aspect of language.
4. The global age demands that we be receptive to cultural differences.
5. You mustn't close yourself off with narrow-minded views[ideas].

TOPIC 24　**グローバル化の功罪**

1. In the 21st century, we all live in an interconnected society.
2. Globalization is continuing at an unprecedented pace.
3. Cultural diversity gives us a lot of benefits.
4. Globalization may result in a more homogeneous society.
5. International cooperation is necessary[required] to solve those conflicts.

PICK UP

国際・グローバル化

過去の入試で実際に出題されたトピックに触れて，トピック力の幅を広げよう。

◆相互依存する世界　[**滋賀大学**]

> 私たちは皆 1.グローバルな相互依存の中にいる。私たちの行動は 2.遠方の人々の生活に影響する。現代的問題の解決には教育が重要だ。3.文化的・宗教的固定観念を乗り越え，4.人類共通のニーズと利害への理解を図らねばならない。

1. global interdependency
2. influence the lives of distant people
3. cultural and religious stereotypes
4. shared human needs and interests

◆グローバル市民　[**福岡教育大学**]

> 1.文化的アイデンティティーが強すぎると，2.偏見・差別・人種差別や戦争さえ引き起こしかねない。皆が 3.グローバル市民として自覚を持てば，世界は平和になるだろう。私たちは 4.寛容性を持って文化的多様性に心を開くべきだ。

1. cultural identity
2. prejudice, discrimination, racism, and even war
3. identify as a global citizen
4. have tolerance

◆カルチャーショック　[**金沢大学**]

> 1.カルチャーショックに 2.蜜月・欲求不満・適応・受容の4段階があると知れば，3.不慣れな文化に対処する役に立つ。文化の違いに苦しみ，徐々に適応し，最後には受容して，4.ある国の文化を間違いとか正しいとか判断しなくなる。

1. culture shock
2. honeymoon, frustration, adjustment, and acceptance
3. cope with new cultures
4. judge a country's culture as wrong or right

◆ソフトパワー　[福岡女子大学]

1.軍事力や経済力を使わずに他国を動かす力を「2.ソフトパワー」という。3.世界的に高く認められている日本のポップカルチャーもそれに当たる。すべての国々はソフトパワーによる 4.激しい国際競争に参加しているといえる。

1. without the use of military or economic force

2. soft power

3. has won a high degree of global acceptance

4. are engaged in a great international competition

◆グローバル言語としての英語　[富山大学]

英語は 1.グローバルなビジネス言語であり，企業内共通語にする 2.多国籍企業が増えている。企業が 3.グローバル経済において生き残り，繁栄するためには 4.言語の障壁を克服する必要があるが，英語はそのための共通基盤となる。

1. the global language of business

2. more and more multinational companies

3. survive and thrive in a global economy　　4. overcome language barriers

英作文 | 出題例 | まずは日本語でよいので，自分なりの答えを考えてみよう。

1. Why do you think Japanese manga and anime have so many fans all over the world?（世界中で日本のマンガやアニメに人気があるのはなぜだと思うか）[秋田県立大学]

2. Should visitors to another country adjust their behavior and attitude to fit the culture of that country, or should the citizens of that country adjust their behavior and attitude so as not to offend their visitors?（外国を訪れる人は現地の文化に行動を合わせるべきか，それとも現地の人が訪問者に合わせるべきか）[岩手大学]

3. Due to globalization, different cultures are becoming more similar. Nowadays, people all over the world share the same fashions, brands, eating habits and social networking sites. What are the advantages and disadvantages of this?（グローバル化で文化同士が似てきていることの良い点と悪い点は何か）[京都工芸繊維大学]

Part 3
自然 と向き合う
Nature

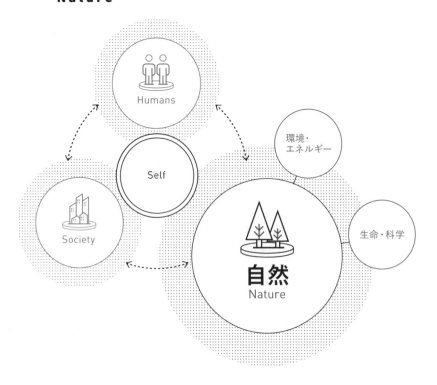

このパートでは「自然」を2つの側面から考える。
1つは，人間が生きるための基盤，さまざまな物質的恵みの源泉としての自然。
もう1つは，私たちに限りない知識や知恵を与えてくれる，探求の対象としての自然。
もちろん自然が2種類あるわけではない。
私たちが自然をどう捉えるかという見方の問題だ。

○ 環境・エネルギー

25 世界の水危機 / 26 気候変動 / 27 生物多様性

本書でも見てきたテクノロジーの高度化やグローバル化の進展といった，人間の活動によって引き起こされる地球環境問題。それはまるで，住み心地のよい家の壁や柱を自分の手でせっせと崩しているような自殺行為なのに，空間的・時間的スケールが日常感覚と違いすぎて，自分の生活や行動との関係がなかなか実感しにくい。だからこそ，**まずは冷静に「知る」こと**が大切になる。問われているのは，私たち自身の価値観・習慣や，現代社会のあり方だ。入試で地球環境についての出題が多いのは，学生1人ひとりに「自分事」として考えてほしいという，出題者からのメッセージなのかもしれない。

○ 生命・科学

28 動物の知能 / 29 宇宙の生い立ち / 30 科学の方法

入試トピックをめぐる旅の締めくくりは「生命・科学」だ。入試で出題される科学分野のトピックは，小は分子生物学から，大は宇宙論まで幅広い。とはいえ，出題者が求めているのは，必ずしもそうした科学自体の知識ではない。**科学的な思考法に沿って筋道立てて考えることができるかどうか**がポイントになる。仮説を実験で検証したり，一連の体系をロジカルに説明したりと，科学的な文章のパターンは明解だ。慣れれば，日常的なエッセイなどよりも読みやすいくらいかもしれない。典型的なパターンの文章に触れておくことで，難しげな科学の話題にも立ち向かえるよう〈応用的なトピック力〉を鍛えたい。

環境・エネルギー①

TOPIC 25

世界の水危機

地球は「水の惑星」。しかし人間が利用しやすい状態で河川や湖沼に存在する水は，地球の水全体の 0.01％にすぎない。2030 年には世界の水需要量の 47％分が不足するとの予測もある。日々の生活を振り返って，水の重要性を見直してみよう。

Warm-up | キーワードを知ろう　　　🔊 A 25-1

➔ 各英文の日本語訳の（　）にはどんな言葉が入るか，前後関係から考えてみよう。

1. Climate change has caused **droughts** and floods.
   気候変動は（　　　）と洪水を引き起こしている。

2. Electricity and water supply are important **infrastructures**.
   電気と水の供給は，重要な（　　　）だ。

3. The **impacts** of a water shortage on our economy will be severe.
   私たちの経済への水不足の（　　　）は深刻になるだろう。

4. We must somehow change our water **consumption** habits.
   私たちはなんとかして水の（　　　）習慣を変えなければならない。

5. It is very important to **conserve** natural resources.
   天然資源を（　　　）ことはとても重要だ。

答え
1. drought ＝干ばつ　　2. infrastructure ＝社会基盤；インフラ
3. impact ＝影響　　4. consumption ＝消費
5. conserve ＝大切に使う；保護する

➔ 答えを確認したら音声を 3 回聞き，3 回音読しよう。

→ まずは最後まで読んでみよう。大体の意味が分かったら，**Q** の答えを考えよう。

①Today, more than a billion people lack access to clean water, and as
　　　　　　　　　　　　10億　　　　　　　　　　欠く　入手方法

the global population rises, the problem will only get worse. ②Global
　　　　人口　　　増える　　　　　　　　　　　　より悪く　　　地球

warming is a significant factor, causing increasingly severe droughts and
温暖化　　　　　重大な　　要因　　　　　　　ますます　深刻な　　[　　]

floods. ③While there's no quick fix for climate change, there are actions
洪水　　～だが　　　　　　　　(A)　　　　気候変動　　　　　　　行動

5 we can take immediately to protect the world's water supply. ④Aging
　　　　　取る　　ただちに　　　　　　　　　　　　　供給　　　(B)

infrastructure must be replaced to prevent water leaking from pipes.
[　　]　　　　　　取り換える　防ぐ　　　　漏れる

⑤Wastewater must be recycled to be used for both drinking and washing,
　(C)　　　　　　　　再生利用する

and irrigation practices must be changed to use water more efficiently.
　　(D)　　　やり方　　　　　　　　　　　　　　　効率よく

⑥Perhaps most importantly, people must be educated to understand the
　たぶん　　　　　　　　　　　　　　　教育する

10 impacts of a global water shortage and to learn how their consumption
[　　]　　　　　　　不足　　　　　　　　　　　　　[　　]

habits must change. ⑦It is up to us to conserve one of our most precious
　　　　　　　　　　　　(E)　　　　[　　]　　　　　　貴重な

natural resources.
天然資源

　　Q1：2行目 the problem の内容を日本語で説明しよう。

　　Q2：4行目 actions の例として挙げられているものを日本語で簡潔に説明しよう。

　　Q3：＿＿の語句のおおよその意味を前後の文脈から考えて，それぞれ選ぼう。

　　　　(A) ア　理解する方法　　　イ　解決する方法

　　　　(B) ア　長持ちする　　　　イ　老朽化した

　　　　(C) ア　廃水　　　　　　　イ　余った水

　　　　(D) ア　灌漑（かんがい）　イ　浄水

　　　　(E) ア　～の責任だ　　　　イ　～のためだ

■ ─┤ポ イ ン ト├────────────────────────────────

- $\ell.1$　access to ～「～を入手［利用］する方法・機会」
- $\ell.4$　quick fix「手っ取り早い［その場しのぎの］解決方法」
- $\ell.5$　aging「（使用に堪えないほど）老朽化している」
- $\ell.6$　prevent O *doing*「O が～するのを防ぐ」= prevent O from *doing*
- $\ell.8$　irrigation「灌漑（かんがい）」▶農業用の水を人為的な方法で供給すること。
- $\ell.9$　be educated to *do* ▶ educate O to *do*（O が～するよう教育する）の受動態。
　　　to understand ... and to learn ～ ▶and による不定詞の並列に注意。
- $\ell.11$　It is up to O to *do*「～するのは O の責任［仕事］だ」
　　　conserve「（節約しながら）大切に使う；（活用しながら）保護する」

【Q の答え】　**Q1**：10 億を超える人々がきれいな水を手に入れられないという問題。
　　　　　　　Q2：インフラ交換（第④文），廃水の再生利用（第⑤文前半），灌漑
　　　　　　　　　　方法の変更（第⑤文後半），人々の教育（第⑥文）
　　　　　　　Q3：(A) イ　(B) イ　(C) ア　(D) ア　(E) ア

▌▌ Review ｜ 確認しよう

➔ 前ページの文章の日本語訳を読んで，（　　）の部分の意味が分かるか，確認しよう。

　①今日，10 億を超える人々がきれいな水を手に入れることができず［←きれいな水の入手方法を欠いており］，世界人口が増えるにつれてその問題は悪化するだけだろう。②（　　）global warming が大きな（　　）factor で，ますます深刻化する（　　）droughts と洪水を引き起こしている。③気候変動への手っ取り早い解決策はないが，世界の水（　　）supply を守るために私たちがただちに取れる行動はある。④老朽化した（　　）infrastructure は，水がパイプから漏れるのを防ぐために取り換えねばならない。⑤廃水は，飲用と洗濯用の両方に使うために再生利用しなければならないし，灌漑のやり方は，水をもっと効率よく使うために変更しなければならない。⑥たぶん最も大切なことには，地球規模の水（　　）shortage の（　　）impacts を理解し，（　　）consumption 習慣がどのように変わらなければならないかを学べるように，人々は教育されなければならない。⑦最も貴重な（　　）natural resources の 1 つを（　　）conserve ことは，私たちの責任なのだ。

➔ 次に前ページの英文の音声を 3 回聞き，3 回音読しよう。

➔ 以下は前のページで見た文章である。音声を聞きながら空所を埋めよう。

₁Today, more than a billion people _____,
and as the global population rises, the problem will only get worse.
₂Global warming is a significant factor, causing _____
_____. ₃While there's no quick fix for climate change, there are actions
we can take immediately to protect the world's water supply. ₄_____
_____ to prevent water leaking from pipes. ₅Wastewater
_____ for both drinking and washing, and
irrigation practices must be changed to use water more efficiently.
₆Perhaps most importantly, people must be educated to understand
_____ and to learn how _____
_____. ₇It is _____ one of our most precious
natural resources.

Output 1 | 英語で表現しよう

➔ 次の日本語訳から Warm-up の英文を思い出し，声に出しながら書いてみよう。

1. 気候変動は**干ばつ**と洪水を引き起こしている。
2. 電気と水の供給は，重要な**社会基盤 [インフラ]** だ。
3. 私たちの経済への水不足の**影響**は深刻になるだろう。
4. 私たちはなんとかして水の**消費習慣**を変えなければならない。
5. 天然資源を**大切に使う [保護する]** ことはとても重要だ。

┌───┐
│ **思考力チャレンジ** ➔ 次の答えを日本語で言って／書いてみよう。英語で言って／書いてみよう。
│
│ ・家に水道がなく，100 メートル離れた井戸まで行く必要があるとしたら，あなたの生活
│ はどう変わるだろうか。変わってしまう行動の例を考えてみよう。
└───┘

➔ **Output 2** | 英語で表現しよう（154 ページ）

TOPIC 26

気候変動

人間の活動が原因となって世界中で引き起こされている気候変動。短期間のうちに大きく気候が変わることで，あらゆる人々の生活が深刻な影響を受けている。解決困難な問題だが，大切なのは事実を見据え，行動を積み重ねる意志だろう。

▌▌ Warm-up ｜ キーワードを知ろう

🔊 A 26-1

⊙ 各英文の日本語訳の（　）にはどんな言葉が入るか，前後関係から考えてみよう。

1. **Climate change** is the biggest problem we face today.
　（　　　　）は，私たちが今日直面している最大の問題だ。

2. **Sea levels** around the world are rising.
　世界中の（　　　　）が上昇している。

3. A severe drought increases the risk of **wildfires**.
　厳しい干ばつは（　　　　）の危険性を増大させる。

4. Natural **disasters** include typhoons and earthquakes.
　自然（　　　　）には台風や地震が含まれる。

5. What do you think of Japan's **policy** on environmental problems?
　環境問題に対する日本の（　　　　）をどう思いますか。

答え〈
1. climate change ＝気候変動　　2. sea level ＝海水位；海面
3. wildfire ＝森林火災；山火事　　4. disaster ＝災害
5. policy ＝政策

⊙ 答えを確認したら音声を３回聞き，３回音読しよう。

⊃ まずは最後まで読んでみよう。大体の意味が分かったら，**Q** の答えを考えよう。

①Climate change isn't just making the world hotter. ②Rising sea levels
[   ]　　　　　　　　　　　　　　　　　　　　　　　　　　　[   ]
have already caused entire islands to be swallowed up by the ocean.
　　　　　　　原因となる　　　島 全体　　　　　　飲み込む
③Historic wildfires have broken out everywhere from Australia to the
歴史に残るような　[   ]　　(A)
Arctic. ④Extreme weather events like droughts and heat waves are
北極地方　　極端な　　　　　　現象　　　　干ばつ　　　　熱 波
5 growing ever more frequent and severe. ⑤So what should we do
　　　ますます　　　　　　頻繁な　　　深刻な
in the face of such life-threatening disasters? ⑥As an individual, it's easy
～ に 直面して　　　生命を脅かすような　[   ]　　　　　個 人
to become overwhelmed, but small actions can add up to big changes.
　　(B)　　　　　　　　　　　　　　　　　　　　　　(C)
⑦By exercising your right to vote, you can help support politicians with
　　(D)　　　　　　権 利　　　　　　　　　　支援する　　政治家
pro-environmental policies. ⑧As a consumer, you can also speak with
　　(E)　　　　　　[   ]　　　　　消費者　　　　　　～にものを言わせる
10 your wallet by avoiding products made by companies with poor
　　財 布　　避ける　　　　　　　　　　　　　　　乏しい
environmental track records. ⑨Finally, you can make use of
環境保護の　　　過去の実績
public transportation instead of using a private vehicle.
公 共 交 通 機 関　　　　　　　　乗り物

Q1：6 行目 such life-threatening disasters の内容を，日本語で簡単に説明しよう。

Q2：11 行目 Finally は列挙の最後の 1 項目を示す言葉だが，これより前に列挙されてい
る項目に当たる文を 2 つ，抜き出そう。

Q3：＿＿の語句のおおよその意味を前後の文脈から考えて，それぞれ選ぼう。

(A) ア　消し止められる　　　イ　発生する

(B) ア　途方に暮れる　　　　イ　奮起する

(C) ア　～につながる　　　　イ　～を目指す

(D) ア　放棄する　　　　　　イ　行使する

(E) ア　環境保護を重視する　イ　環境保護を軽視する

ℓ.1 isn't just 〜「単に〜だけではない」▶次文以下に but also ... の意味を補って考える。

ℓ.2 swallow 〜 up「〜を飲み込む」▶up は「完全に」のニュアンス。

ℓ.3 wildfire「森林火災；山火事」▶森林や草原などで起こる大規模火災。

ℓ.7 overwhelm「圧倒する；打ちのめす；困惑させる」▶しばしば受動態 be overwhelmed（圧倒される；途方に暮れる）の形で使われる。

add up to 〜「合計して〜になる；結果的に〜となる」

ℓ.8 exercise「（権利・権力などを）行使する；用いる」

ℓ.9 pro-environmental ▶pro- は「〜に賛成の；〜を支持する」の意味の接頭語。⇔ anti-

speak with your wallet「あなたの財布を使って意見を言う」が直訳。

ℓ.10 products made by 〜「〜によって作られた製品」

【Q の答え】　Q1：島々の海没，大規模な森林火災，干ばつ・熱波などの異常気象。
　　　　　　　Q2：By exercising ...（第⑦文）と As a consumer ...（第⑧文）。
　　　　　　　Q3：(A) イ　(B) ア　(C) ア　(D) イ　(E) ア

Review ｜ 確認しよう

⊙ 前ページの文章の日本語訳を読んで，（　　）の部分の意味が分かるか，確認しよう。

①（　　）は世界をより熱くしているだけではない。②上昇する（　　）が原
climate change　　　　　　　　　　　　　　　　　　　　　　　　　　　sea levels

因で，すでに島々が丸ごと海に飲み込まれている。③歴史に残るような［大規模な］

（　　）が，オーストラリアから（　　）までのあらゆる場所で発生している。
wildfires　　　　　　　　　　　　the Arctic

④干ばつや熱波のような異常気象［極端な気象現象］が，ますます頻繁でますます

深刻になりつつある。⑤では，こうした生命を脅かすような（　　）に直面して，
disasters

私たちは何をすべきだろうか。⑥（　　）として，途方に暮れるのはたやすいけれ
individual

ども，小さな行動が結果的に大きな変化につながり得る。投票する⑦（　　）を行
right

使することで，環境保護を重視する（　　）を持った政治家を支援する力になり
policy

得る。⑧（　　）としては，環境保護の過去の実績に乏しい企業によって作られた
consumer

製品を避けることにより，財布にものを言わせることもできる。⑨そして最後に自

家用車を使う代わりに，（　　）を利用することができる。
public transportation

⊙ 次に前ページの英文の音声を 3 回聞き，3 回音読しよう。

→ 以下は前のページで見た文章である。音声を聞きながら空所を埋めよう。

①_____ the world hotter. ②Rising _____
_____ entire islands to be swallowed up by the ocean.
③_____ everywhere from Australia to the Arctic.
④Extreme weather events like droughts and heat waves are growing
ever more frequent and severe. ⑤So _____ such
life-threatening disasters? ⑥As an individual, it's easy to become
overwhelmed, but small actions _____. ⑦By
exercising your right to vote, you can help support _____
_____. ⑧As a consumer, you can also speak with your wallet by
avoiding products made by companies with poor environmental track
records. ⑨Finally, you can _____ instead of using
a private vehicle.

Output 1 | 英語で表現しよう

→ 次の日本語訳から Warm-up の英文を思い出し，声に出しながら書いてみよう。

1. **気候変動**は，私たちが今日直面している最大の問題だ。
2. 世界中の**海水位**が上昇している。
3. 厳しい干ばつは**森林火災**の危険性を増大させる。
4. 自然**災害**には台風や地震が含まれる。
5. 環境問題に対する日本の**政策**をどう思いますか。

思考力チャレンジ | → 次の答えを日本語で言って／書いてみよう。英語で言って／書いてみよう。
・自分の身の回りで気候変動により起こったと思われることを 3 つ挙げてみよう。

→ Output 2 | 英語で表現しよう（145 ページ）

TOPIC 27

生物多様性

生態系とは，積み木のお城のようなもの。カラフルなピースが危ういバランスを保ち，一部分が失われただけで全体が崩れてしまう。しかも，一度崩れたら簡単に元には戻せない。忘れてならないのは，人間もそのピースの1つということだ。

▌▌▌ Warm-up │ キーワードを知ろう　　　🔊 A 27-1

⊙ 各英文の日本語訳の（　）にはどんな言葉が入るか，前後関係から考えてみよう。

1. The world's **biodiversity** is being lost due to human activities.
   世界の（　　　）は人間の活動によって失われつつある。

2. Many animal species are in danger of **extinction**.
   多くの動物種が（　　　）の危機にある。

3. Insects play an important role in the **food chain**.
   昆虫は，（　　　）において重要な役割を果たす。

4. There is a complex and delicate **ecosystem** in the rain forest.
   熱帯雨林には複雑で壊れやすい（　　　）がある。

5. Is economic development as important as the **preservation** of the environment?
   経済発展は，環境の（　　　）と同じくらい重要だろうか。

答え　1. biodiversity ＝生物多様性　　2. extinction ＝絶滅
　　　3. food chain ＝食物連鎖　　4. ecosystem ＝生態系
　　　5. preservation ＝保全；保護

⊙ 答えを確認したら音声を3回聞き，3回音読しよう。

⊙ まずは最後まで読んでみよう。大体の意味が分かったら，**Q** の答えを考えよう。

①Insect biodiversity has taken a dive. ②If you hate the small creatures,
　　　昆虫　　[　　]　　　　　　　(A)

you might be glad at the prospect of their extinction. ③However, their
　　　　　　　　　　　　期待　　　　　[　　]

loss is a clear signal that our world is in peril. ④Insects not only pollinate
減少　　　　きざし　　　　　　　　(B)　　　　　　　　　　　授粉する

flowers, helping our crops to grow, but they also break down and dispose
　　　　　　　農作物　　　　　　　　　　　　　　分解する　　　　始末する

5　of dead plants and animals. ⑤Moreover, they play an essential role in the
　　　　　　　　　　　　　　　その上　　　　　　　必要不可欠な　役割

food chain, and many birds, fish, and other animals depend on them for
　　[　　]　　　　　　　　　　　　　　　　　　　　　　頼る

survival. ⑥If enough insects disappear, ecosystems around the world
生存　　　　　　　　　　　　　　　[　　]

could collapse. ⑦As biodiversity is essential for yielding medicinal plants
〜しかねない　(C)　　　　　　　　　　　　　　　(D)　　　薬用の

and a wealth of other useful natural materials, it is time we took a stand
豊富な〜　　　　　　　　　　　　原料　　　　　　　　　　(E)

10　against those who consider economic development more important than
　　　　　　　　　　　　　　　　　　発展

the preservation of the environment. ⑧The human species cannot survive
　　[　　]　　　　　　　　　　　　　　種(しゅ)

otherwise.
別の方法では

Q1：1 行目 the small creatures とは何か，文中から抜き出そう。

Q2：4 行目 break down の目的語は何か，文中から抜き出そう。

Q3：＿＿の語句のおおよその意味を前後の文脈から考えて，それぞれ選ぼう。

　　(A) ア　急減する　　　　　イ　急増する

　　(B) ア　安全で　　　　　　イ　危険で

　　(C) ア　崩壊する　　　　　イ　安定する

　　(D) ア　産する　　　　　　イ　譲る

　　(E) ア　〜に賛同する　　　イ　〜に抵抗する

$\ell.1$　take a dive「(価値などが) 急落する」▶dive は「飛び込み；落下」の意味。

$\ell.2$　the prospect of ～「～に対する期待［予想］」

$\ell.3$　a signal that ～「～というきざし［兆候］」▶that は同格の接続詞。

$\ell.4$　dispose of ～「～を始末する；処分する」▶「食べて消滅させる」ということ。

$\ell.5$　play a role in ～「～において役割を果たす」

$\ell.6$　food chain「食物連鎖」▶生態系内において，小さい生物がより大きな生物によって食べられるといった関係でつながっていく，「食べる／食べられる」の連鎖。

　　　depend on A for B「B を A に頼る［依存する］」

$\ell.9$　a wealth of ～「豊富な～；多量の～」▶wealth は「富；財産」の意味。

　　　it is time ～「(今や) ～すべきときだ」▶「～」の節内には仮定法過去を用いる。

$\ell.11$　preservation「保全；保護」▶「元の状態の維持・保存」というニュアンス。

【Q の答え】　**Q1**：insects
　　　　　　　Q2：dead plants and animals（$\ell.5$）
　　　　　　　Q3：(A) ア　(B) イ　(C) ア　(D) ア　(E) イ

Review ｜ 確認しよう

⊙ 前ページの文章の日本語訳を読んで，(　　) の部分の意味が分かるか，確認しよう。

　①昆虫の (　　) が急減している。②その小さな生き物が嫌いなら，あなたは彼
biodiversity
らの (　　) を期待して喜ぶかもしれない。③しかし，彼らの減少は，私たちの世
extinction
界が危機にあることの明らかなきざしだ。④昆虫は, 花に授粉して私たちの (　　)
crops
が育つのを助けるだけでなく，死んだ植物や動物を分解して始末してもくれる。⑤そ
の上, 彼らは (　　) において必要不可欠な (　　) を果たしており，多くの
food chain　　　　　　　　　　role
鳥や魚や他の動物が, (　　) のため彼らに依存している。⑥もし十分な昆虫がい
survival
なくなると, 世界中の (　　) が崩壊しかねない。⑦(　　) は, (　　) 植
ecosystem　　　　　　biodiversity　　medicinal
物や，豊富な他の役に立つ天然 (　　) を産するのに必要不可欠なので，今や，
materials
経済発展を環境 (　　) より重要と考える人々に私たちが抵抗すべきときだ。⑧人
preservation
間という種 (しゅ) は別の方法では生存できないのだ。

⊙ 次に前ページの英文の音声を 3 回聞き，3 回音読しよう。

➔ 以下は前のページで見た文章である。音声を聞きながら空所を埋めよう。

①Insect _____. ②If you hate the small creatures, you might be glad at the _____. ③However, their loss is a clear signal that our world is in peril. ④Insects not only pollinate flowers, helping our crops to grow, but they also break down and dispose of dead plants and animals. ⑤Moreover, they play an essential _____, and many birds, fish, and other animals _____. ⑥If enough insects disappear, _____ could collapse. ⑦As biodiversity is essential for yielding medicinal plants and a wealth of other useful natural materials, it is time _____ those who consider economic development more important than _____. ⑧The human species cannot survive otherwise.

Output 1 | 英語で表現しよう

➔ 次の日本語訳から Warm-up の英文を思い出し，声に出しながら書いてみよう。

1. 世界の**生物多様性**は人間の活動によって失われつつある。
2. 多くの動物種が**絶滅**の危機にある。
3. 昆虫は，**食物連鎖**において重要な役割を果たす。
4. 熱帯雨林には複雑で壊れやすい**生態系**がある。
5. 経済発展は，環境の**保全**と同じくらい重要だろうか。

思考力チャレンジ | ➔ 次の答えを日本語で言って／書いてみよう。英語で言って／書いてみよう。

・もし今，人間が地球上からいなくなったら，どんな生物にどんな影響が出るだろうか。
そうした変化は，さらに他の生物にどんな影響を与えるだろうか。

➔ Output 2 | 英語で表現しよう（155 ページ）

環境・エネルギー

⊙ 各課で見た表現を使って日本語に合う英文を完成し，声に出して言ってみよう。

TOPIC 25 世界の水危機 [p.142]

1. これらの**干ばつ**は気候変動によって引き起こされてきた。

These _____.

2. 老朽化した**社会基盤**への手っ取り早い解決策はない。

There is _____.

3. 私たちは地球規模の水不足の**影響**を理解すべきだ。

We should _____.

4. 私たちのエネルギーの**消費**習慣は変わらなければならない。

Our _____.

5. 天然資源を**大切に使う**のは私たちの責任だ。

_____ us _____.

TOPIC 26 気候変動 [p.146]

1. **気候変動**は世界をより熱くしている。

_____ hotter.

2. 地球温暖化は，**海水位**が上昇する原因となる。

Global _____ rise.

3. 歴史に残るような**森林火災**が毎年起こる。

_____ every year.

4. 自然**災害**に直面して，私たちには何ができるだろうか。

What can _____?

5. あなたは，環境問題に対する日本の**政策**を支持しますか。

Do you _____?

TOPIC 27 | 生物多様性 [p.150]

1. **生物多様性**は，人類の生存のために必要不可欠だ。

_____ survival.

2. この魚は，日本では**絶滅**の危機にある。

The fish is _____.

3. 昆虫は**食物連鎖**においてどんな役割を果たしているか。

What _____?

4. 動物や植物は，生存のため彼らの**生態系**に依存している。

Animals and plants _____.

5. 環境の**保全**は他の何よりも大切だ。

_____ anything else.

【解答例】

TOPIC 25 | 世界の水危機

1. These <u>droughts have been caused by climate change</u>.
2. There is <u>no quick fix for aging infrastructure</u>.
3. We should <u>understand the impacts of a global water shortage</u>.
4. Our <u>energy consumption habits must change</u>.
5. <u>It is up to us</u> to <u>conserve natural resources</u>.

TOPIC 26 | 気候変動

1. <u>Climate change is making the world</u> hotter.
2. Global <u>warming causes sea levels to</u> rise.
3. <u>Historic wildfires break out</u> every year.
4. What can <u>we do in the face of natural disasters</u>?
5. Do you <u>support Japan's policy on environmental problems</u>?

TOPIC 27 | 生物多様性

1. <u>Biodiversity is essential for[to] human</u> survival.
2. This fish is <u>in danger of extinction in Japan</u>.
3. What <u>role do insects play in the food chain</u>?
4. Animals and plants <u>depend on their ecosystems for survival</u>.
5. <u>The preservation of the environment is more important than</u> anything else.

PICK UP

環境・エネルギー

過去の入試で実際に出題されたトピックに触れて，トピック力の幅を広げよう。

◆代替エネルギー　[滋賀大学]

1.増え続ける世界のエネルギー需要への懸念が高まっている。2.化石燃料への重度の依存は環境に悪影響を及ぼすため，3.代替エネルギー源の開発が進められている。太陽光や風力は，4.再生可能で実質的に無公害のエネルギー源だ。

1. the world's ever-increasing energy needs

2. the heavy reliance on fossil fuels　　3. alternative energy sources

4. renewable and virtually pollution-free sources

◆マイクロプラスチック汚染　[上智大学]

1.プラスチックの健康への影響が最優先課題だ。プラスチックの小片が2.食物連鎖や大気・土壌に入り込み，水道水でさえ3.プラスチックのマイクロファイバーを含んでいる。問題は4.私たちの社会のプラスチックへの過度の依存だ。

1. the effect of plastic on our health　　2. enter the food chain, air and soil

3. contain plastic micro-fibres　　4. our society's addiction to plastic

＊fibre は fiber のイギリス式つづり。

◆海洋の持続可能な利用　[岐阜大学]

海洋を1.保護し，持続可能な利用を行う必要がある。海洋は2.主要な天然資源を提供してくれるし，3.健全な海洋を維持することは気候変動の軽減にも役立つ。私たちは買い物や食事の際に4.海洋にやさしいものを選択するとよい。

1. conserve and sustainably use　　2. provide key natural resources

3. maintaining healthy oceans　　4. make ocean-friendly choices

◆深刻化する大気汚染　[慶應義塾大学]

多くの国で 1.大気汚染物質の放出量が増えている。これは多くの人々の 2.公害病 [汚染に関連した病気] や早死にの原因になる。政治家は 3.大気汚染を抑制する 取り組みのコストばかり気にするが，4.国民の命が彼らの手に握られているのだ。

1. emissions of air pollutants

2. pollution-related illness

3. the costs of efforts to limit air pollution

4. Their citizens' lives are in their hands.

◆「人新世」の環境問題　[東北大学]

人間が地球全体に影響を与える現代は 1.人新世，つまり人間の時代と呼びうる。 自然は 2.人類と関係のないものではなくなっているため，野生生物が 3.人類の 発展と共存できるような 4.自然保護の方法を見いださなければならない。

1. the Anthropocene: the age of man

2. something separate from human beings

3. coexist with human development

4. methods of conservation

英作文 出題例　まずは日本語でよいので，自分なりの答えを考えてみよう。

1. How can we help prevent climate change from becoming worse?
   （気候変動の悪化を防ぐために何ができるか）[鹿児島大学]

2. What things do you do to help reduce waste and save our natural resources?（ごみ を減らして資源を節約するために，あなたはどんなことをしているか）[宮城教育大学]

3. It is important to protect nature including rainforests, but it is also true that humans need to earn money and want to live comfortably. Write your opinion about the relationship between ecology (protecting nature) and economy (earning money).
   （自然保護は大切だが，人はお金を稼いで快適に暮らすことも望む。エコロジーとエコ ノミーの関係について意見を書きなさい）[滋賀大学]

TOPIC 28

動物の知能

動物園のサルや水族館のイルカを見ていると，彼らの頭のよさが直観的に分かる。彼らにも私たちと同様の「意識」があるように思えてくるが，果たしてそれは本当だろうか。そんな素朴な疑問にも，科学者たちは真剣に答えようとしている。

▐▐▐ Warm-up │ キーワードを知ろう   🔊 A 28-1

⮕ 各英文の日本語訳の（　）にはどんな言葉が入るか，前後関係から考えてみよう。

1. Is intelligence **unique** to humans, or do animals have it, too?
   知能は人間に（　　　）のか，それとも動物にも知能があるのか。

2. Many psychologists are doing research on animal **cognition**.
   多くの心理学者が，動物の（　　　）について研究している。

3. Chimpanzees have **self-awareness** somewhat like ours.
   チンパンジーは，私たちにいくぶん似た（　　　）を持っている。

4. The African and Indian elephants are different **species**.
   アフリカゾウとインドゾウは別の（　　　）だ。

5. We can **reasonably** conclude that some animals have intelligence.
   私たちは，ある動物には知能があると（　　　）結論づけることができる。

答え〈　1. unique ＝特有な；固有の　　2. cognition ＝認知
　　　3. self-awareness ＝自己認識　　4. species ＝種（しゅ）
　　　5. reasonably ＝合理的に

⮕ 答えを確認したら音声を 3 回聞き，3 回音読しよう。

➔ まずは最後まで読んでみよう。大体の意味が分かったら，**Q** の答えを考えよう。

①Intelligence was once thought to be unique to humans, but year
知能　　　　(A)　　　　　　　　　　　　　　　[　　]
after year, more animals prove to us that such is not the case. ②One key
(B)　　　　　　　　　　　　　証明する　　　　　　　　　(C)　　　重要な
sign of animal cognition is self-awareness, and scientists can determine
表れ　　　　　　　　[　　]　　　　[　　]　　　　　　　　　　見極める
whether an animal or species shows evidence of the trait with a simple
　　　　　　　　　　　　　　[　　]　　　　証拠　　　　特性
5　test. ③First, a scientist marks the face of an animal with some sort of ink
印をつける　　　　　　　　　　　　　種類
while the animal is unaware — while it is asleep, for example. ④Then, the
気づかないで　　　　　　　　　　　　　　　　　　　　　　(D)
animal is shown a mirror. ⑤If the animal indicates that it recognizes the
鏡　　　　　　　　　　示す　　　　認識する
mark is on its own body, then we can reasonably conclude that the
自身の　　　　(E)　　　　　　　　[　　]　　結論づける
animal is self-aware. ⑥The first animals to pass the mirror test were
10　chimpanzees in the 1970s. ⑦More recently, however, dolphins, elephants,
チンパンジー　　　　　　　　　　　　　　　　　　イルカ　　　ゾウ
and some other animals have passed the test.

Q1：2 行目 such が指す内容を，日本語で説明しよう。

Q2：4 行目 the trait とは何のことか，文中から 1 語で抜き出そう。

Q3：4 行目 a simple test と同じ内容を指す語句を，文中から 3 語で抜き出そう。

Q4：＿＿＿ の語句のおおよその意味を前後の文脈から考えて，それぞれ選ぼう。

(A) ア　一度　　　　　　　　イ　かつて

(B) ア　何年も後に　　　　　イ　毎年毎年

(C) ア　事実　　　　　　　　イ　証拠

(D) ア　そのとき　　　　　　イ　それから

(E) ア　その場合は　　　　　イ　次に

ℓ.1 be thought to be 〜「〜であると考えられている」

ℓ.2 such is not the case「そうしたことは事実ではない」▶the case は「事実」。

ℓ.3 cognition「認知；認識作用」▶記憶・理解・判断などに関わる心的活動。

determine whether 〜「〜かどうかを見極める」▶直後の an animal or species は「ある動物または種」の意味で，whether A or B（A か B か）の or ではない。

ℓ.6 the animal is shown a mirror ▶ show the animal a mirror の受動態。

ℓ.7 If 〜 , then ...「もし〜たら，その場合は…」▶then の 3 つの主な意味に注意。(1)「そのとき；当時」(過去・未来の時)，(2)「次に；それから」(順序)，(3)「その場合；それなら」(結論)。ℓ.6 の Then は (2)，ℓ.8 の then は (3) の意味。

ℓ.8 its own body「それ自身の体；自分の体」▶own は「自身の」。

reasonably「合理的に；合理的な判断によって」< reason「理性」

【Q の答え】　**Q1**：知能は人間に特有なものであるということ。(*ℓ.1*)
　　　　　　　Q2：self-awareness (*ℓ.3*)　　**Q3**：the mirror test (*ℓ.9*)
　　　　　　　Q4：(A) イ　(B) イ　(C) ア　(D) イ　(E) ア

▐▐▐　Review　│　確認しよう

⊙ 前ページの文章の日本語訳を読んで，（　　　）の部分の意味が分かるか，確認しよう。

①（　　　）はかつて人間に（　　　）ものと考えられていたが，毎年毎年，より
　 intelligence　　　　　　　　　unique

多くの動物がそれは事実ではないと私たちに対して証明している。②動物の（　　　）
　　　　　　　　　　　　　　　　　　　　　　　　　　　　　　　　　　　　cognition

の 1 つの重要な表れは（　　　）であり，科学者たちは，ある動物や（　　　）が
　　　　　　　　　　　 self-awareness　　　　　　　　　　　　　　　　 species

その特性の（　　　）を示すかどうかを，簡単なテストで（　　　）ことができる。
　　　　　　 evidence　　　　　　　　　　　　　　　　　 determine

③まず，科学者は動物が気づかずにいるうちに──例えば眠っているうちに──ある

種のインクで動物の顔に印をつける。④次に，動物は鏡を見せられる。⑤もし，その

印が自分の体についているのだと（　　　）様子を動物が示したら，その場合私た
　　　　　　　　　　　　　　　　 recognize

ちは，その動物に自己認識があると（　　　）（　　　）ことができる。⑥ミラーテ
　　　　　　　　　　　　　　　　　 reasonably　 conclude

ストに合格した最初の動物は，1970 年代のチンパンジーだった。⑦しかし，もっと

最近では，イルカとゾウとその他のいくつかの動物がそのテストに合格している。

⊙ 次に前ページの英文の音声を 3 回聞き，3 回音読しよう。

→ 以下は前のページで見た文章である。音声を聞きながら空所を埋めよう。

①Intelligence was once thought _____, but year after year, more animals prove to us that _____. ②One key sign of _____, and scientists can determine whether an _____ of the trait with a simple test. ③First, a scientist marks the face of an animal with some sort of ink while the animal is unaware — while it is asleep, for example. ④Then, the _____. ⑤If the animal indicates that it recognizes the mark is on its own body, then _____ that the animal is self-aware. ⑥The _____ the mirror test were chimpanzees in the 1970s. ⑦More recently, however, dolphins, elephants, and some other animals have passed the test.

‖ **Output 1** | 英語で表現しよう

→ 次の日本語訳から [Warm-up] の英文を思い出し，声に出しながら書いてみよう。

1. 知能は人間に**特有な**のか，それとも動物にも知能があるのか。
2. 多くの心理学者が，動物の**認知**について研究している。
3. チンパンジーは，私たちにいくぶん似た**自己認識**を持っている。
4. アフリカゾウとインドゾウは別の種（**しゅ**）だ。
5. 私たちは，ある動物には知能があると**合理的に**結論づけることができる。

┌───┐
思考力チャレンジ　→次の答えを日本語で言って／書いてみよう。英語で言って／書いてみよう。

・よちよち歩きを始めたくらいの赤ちゃんに「ミラーテスト」を行ったら，どんな反応を
　するだろうか。想像してみよう。
└───┘

→ Output 2 | 英語で表現しよう（170 ページ）

Nature

生命・科学②

TOPIC 29

宇宙の生い立ち

1から1億まで数えるにはどれくらいの時間がかかるだろうか。1日？ 1か月？ 1
年？ 世界の人口はおよそ80億人。宇宙が誕生したのはおよそ138億年前。たま
には日常の感覚をはるかに超えた大きな数字の世界に心を遊ばせてみよう。

Warm-up | キーワードを知ろう

🔊 A 29-1

⊙ 各英文の日本語訳の（ ）にはどんな言葉が入るか，前後関係から考えてみよう。

1. It is thought that the **universe** began 13.8 billion years ago.
   （　　　）は138億年前に始まったと考えられている。

2. The Big Bang is a scientific **theory**, not a fantasy.
   ビッグバンは科学的な（　　　）であり，空想ではない。

3. The universe is made up of energy and **matter**.
   宇宙はエネルギーと（　　　）で出来上がっている。

4. Clouds of gas formed stars and stars formed **galaxies**.
   ガスの雲が星を形成し，星が（　　　）を形成した。

5. A water **molecule** has two hydrogen atoms and one oxygen atom.
   水の（　　　）には，2つの水素原子と1つの酸素原子がある。

答え
1. universe ＝宇宙
2. theory ＝理論
3. matter ＝物質
4. galaxy ＝銀河
5. molecule ＝分子

⊙ 答えを確認したら音声を3回聞き，3回音読しよう。

⊙ まずは最後まで読んでみよう。大体の意味が分かったら，**Q** の答えを考えよう。

①No one was around to witness the beginning of the universe. ②But
　　　　　　　　(A)　　　　　　　　目撃する　　　　　　　　　　[　　]

many scientists agree that it likely began 13.8 billion years ago with the
　　　　　　　　　　　　　おそらく　　　　　　10億

Big Bang. ③The theory states that all of the energy in the universe was
ビッグバン　　　　　　[　　]

concentrated into a state of near-infinite density and intense heat. ④Then,
凝縮させる　　　　　　状　態　　　無限大に近い　　(B)　　　　猛烈な

5　it began expanding violently, creating not only matter but also space and
　　　　　　　　　膨張する　　　　　　作り出す　　　　　[　　]　　　　空　間

time. ⑤As the universe cooled, atoms formed and grouped together,
　　　　　〜につれて　　　　　　原　子　　　　　集まる

transforming into stars and galaxies. ⑥The stars, in turn, produced larger
形を変える　　　　　　　　[　　]　　　　　　　　　(C)

atoms and molecules, which eventually gave rise to planets and asteroids.
　　　　[　　]　　　　　最後に　　　　(D)　　　惑　星　　　小惑星

⑦Our own sun emerged from the cosmic chaos some 4.6 billion years
　　　　　　出現する　　　　　　宇宙の混とん　　約

10　ago, and the solar system followed soon after. ⑧Nevertheless it took
　　　　　　　　太陽系　　　　　　　すぐ後に　　　　　　　　　かかる

another billion years for life to appear on Earth.
　　(E)

Q1：8行目 which の先行詞を文中から抜き出そう。

Q2：本文によれば，地球に生命が登場したのは今から何年くらい前だろうか。

Q3：___ の語句のおおよその意味を前後の文脈から考えて，それぞれ選ぼう。

　　　(A) ア　望んだ　　　　　　イ　存在した

　　　(B) ア　密度　　　　　　　イ　大きさ

　　　(C) ア　順番に　　　　　　イ　今度は

　　　(D) ア　〜を生み出す　　　イ　〜を増やす

　　　(E) ア　たった〜　　　　　イ　さらに〜

$\ell.1$　No one was around to *do*「～する人は誰も存在しなかった」▶この around は「（近くに）存在して」という意味の副詞。

$\ell.2$　likely「おそらく」▶この likely は副詞で，probably とほぼ同じ意味。

　　　 the Big Bang「ビッグバン」▶宇宙の初めに起きたとされる大爆発。

$\ell.3$　state that ～「～と述べる」▶state は動詞。次行の state は「状態」の意味の名詞。

$\ell.7$　in turn「その結果；今度は」▶ある結果からまた同様のことが起こる場合をいう。

　　　 larger atoms and molecules ▶最初に生まれた原子は水素やヘリウムなどの軽い原子で，それより大きな（larger）原子は星の中で作られた。

$\ell.8$　give rise to ～「～の元になる；～を生じさせる」

$\ell.9$　cosmic chaos「宇宙の混とん状態」▶chaos は「カオス；無秩序状態」。

$\ell.10$　it takes O for A to *do*「A が～するのに O［時間］がかかる」

$\ell.11$　another ～「さらに～；もう～」▶〈another ＋数字〉の形で用いる。

【Q の答え】　**Q1**：larger atoms and molecules
　　　　　　　Q2：36 億年くらい前。▶太陽が生まれた 46 億年前からさらに 10 億年後。
　　　　　　　Q3：(A) イ　(B) ア　(C) イ　(D) ア　(E) イ

Review ｜ 確認しよう

→ 前ページの文章の日本語訳を読んで，（　　）の部分の意味が分かるか，確認しよう。

①（　　）の始まりを目撃した人は誰もいなかった。
　　universe

②しかし，多くの科学者は，宇宙がおそらく 138 億年前にビッグバンで始まったということで意見が一致している。

③その（　　）は，宇宙のエネルギーのすべてが，無限に近い密度と猛烈な高温の状態に凝縮されていたと述べている。
　　theory

④そのあと，宇宙は激しく（　　）始め，
　　　　　　　　　　　　　　　expanding

（　　）だけでなく（　　）と時間をも作り出した。
　matter　　　　　　　space

⑤宇宙が冷えるにつれて，原子が生まれて集団を作り，星や（　　）へと（　　）。
　　　　　　　　　　　　　　　　　　　　　galaxies　　　transforming

⑥星が，今度は，より大きな原子と（　　）を生み出し，それらが最後に（　　）や小惑星を生み出した。
　　　　　　　　　　　molecules　　　　　　　　　　　planets

⑦私たちの太陽は，約 46 億年前に宇宙の混とんから出現し，（　　）がすぐ後に続いた。
　　　　　　　　　　　　　　　　　　　　　　　　　solar system

⑧しかし，地球上に生命が登場するには，さらに 10 億年かかった。

→ 次に前ページの英文の音声を 3 回聞き，3 回音読しよう。

⊕ 以下は前のページで見た文章である。音声を聞きながら空所を埋めよう。

_①No one was around to _____. _②But many scientists agree that it likely began 13.8 billion years ago with the Big Bang. _③_____ all of the energy in the universe was concentrated into a state of near-infinite density and intense heat. _④Then, it began expanding violently, creating not only _____. _⑤As the universe cooled, atoms formed and grouped together, _____ _____. _⑥The stars, in turn, _____, which eventually _____ and asteroids. _⑦Our own sun emerged from the cosmic chaos some 4.6 billion years ago, and the solar system followed soon after. _⑧Nevertheless, it took another billion years _____.

Output 1 | 英語で表現しよう

⊕ 次の日本語訳から Warm-up の英文を思い出し，声に出しながら書いてみよう。

1. **宇宙**は 138 億年前に始まったと考えられている。
2. ビッグバンは科学的な**理論**であり，空想ではない。
3. 宇宙はエネルギーと**物質**で出来上がっている。
4. ガスの雲が星を形成し，星が**銀河**を形成した。
5. 水の**分子**には，2 つの水素原子と 1 つの酸素原子がある。

┌───
思考力チャレンジ ⊕ 次の答えを日本語で言って／書いてみよう。英語で言って／書いてみよう。
・もしも時間をさかのぼって，宇宙 138 億年の歴史のどこかを実際に目撃できるとしたら，何が起きるところを見たい？
└───

⊕ **Output 2** | 英語で表現しよう（170 ページ）

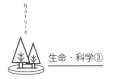

TOPIC 30

科学の方法

世界は疑問に満ちている。子どもは大人を質問攻めにするし，大人は日々問題解決を迫られる。だから人は答えを得るための方法を模索してきた。「科学的方法」は万能ではないが，日常生活にも役立つ強力な思考ツールであることは間違いない。

▋ Warm-up ｜ キーワードを知ろう

🔊 A 30-1

⤷ 各英文の日本語訳の（　）にはどんな言葉が入るか，前後関係から考えてみよう。

1. Science tries to **describe** nature in simple terms.
   科学は単純な言葉で自然を（　　　）ことに努める。

2. The **principle** of science is that theories must be supported by evidence.
   科学の（　　　）とは，理論は証拠で裏付けられねばならないということだ。

3. Her discovery was based on careful **observation**.
   彼女の発見は，注意深い（　　　）に基づいていた。

4. Your idea is only a **hypothesis** until it is proven.
   あなたの考えは，証明されるまでは（　　　）にすぎない。

5. The computer's **prediction** was found to be **accurate**.
   コンピューターの予測は，（　　　）であると分かった。

答え ⟨ 1. describe ＝記述する；説明する　　2. principle ＝原理；原則
3. observation ＝観察　　4. hypothesis ＝仮説　　5. accurate ＝正確な

⤷ 答えを確認したら音声を 3 回聞き，3 回音読しよう。

⊕ まずは最後まで読んでみよう。大体の意味が分かったら，**Q** の答えを考えよう。

①The scientific method helps us learn about and correctly describe
　科学的な　　　　方法　　　役立つ　　　　　　　　　　　　[　　]
the world around us. ②The key principle is that we can answer questions
　　　　　　　　　　　　　　重要な　　[　　]
about science by collecting evidence. ③It begins with an observation that
　　　　　　　　　　　証拠　　　　　　　　　　　　　　[　　]
leads you to a question, such as, "Why is the sky blue?" or "How can I
導く
5　run faster?" ④Next, you gather information about the subject to help
　　　　　　　　　　　　　　集める　　　　　　　　　(A)
form a hypothesis. ⑤Then, you make a prediction about what might
形成する　　　[　　]　　　　　　　　　　　　(B)
happen if the hypothesis is correct and then test that prediction with an
　　　　　　　　　　　　　　　　　　　　　検証する
experiment. ⑥If the prediction is found to be accurate, then the
(C)　　　　　　　　　　　　　　　　　　～と分かる　　　　[　　]
hypothesis is likely, but not necessarily, correct. ⑦Similarly, if the
　　　　　　　　おそらく　　　　(D)　　　　　　　　同様に
10 prediction is wrong, then the hypothesis, too, is likely wrong.

⑧Scientists repeat experiments until they are fully certain that the
　　　　　繰り返す　　　　　　　　　　　　　　完全に　　(E)
hypothesis is proven.
　　　　　証明された

Q1：1行目 learn about の目的語を文中から抜き出そう。

Q2：5行目 the subject の例を，文中から2つ抜き出そう。

Q3：＿＿＿の語句のおおよその意味を前後の文脈から考えて，それぞれ選ぼう。

　　(A) ア　科目　　　　　　　　イ　テーマ

　　(B) ア　予測　　　　　　　　イ　判断

　　(C) ア　機器　　　　　　　　イ　実験

　　(D) ア　全く～でない　　　　イ　必ずしも～でない

　　(E) ア　ある種の　　　　　　イ　確信して

科学の方法　167

ℓ.1 The scientific method「科学的な方法」▶本文では次のような手順が例示されている。
〈観察→疑問→情報収集→仮説→予測→実験（による検証）〉。

learn about and correctly describe ～ ▶「～」は learn about と describe の目的語。

describe「記述する」▶対象がどういうものか，特徴を詳しく説明すること。

ℓ.3 begin with ～「～から始まる」▶以下，Next ...（第④文），Then ... and then（第⑤文）
という形で科学的な方法が順に述べられていることに注意。

an observation that leads ～「～を導く観察」▶that は関係代名詞（主格）。

ℓ.9 but (the hypothesis is) not necessarily, correct ▶予測が当たれば仮説はおそらく
(likely) 正しいが，偶然かもしれないので，まだ必ず正しいとも言えない。だから，「証明さ
れたと完全に確信するまで実験を繰り返す」（最終文）のである。

【Qの答え】　Q1：the world around us（ℓ.2）
　　　　　　Q2：Why is the sky blue? / How can I run faster?（ℓ.4）
　　　　　　Q3：(A) イ　(B) ア　(C) イ　(D) イ　(E) イ

‖ Review ｜ 確認しよう

➔ 前ページの文章の日本語訳を読んで，（　　）の部分の意味が分かるか，確認しよう。

①科学的な（　　）は，私たちが身の回りの世界を知り，正しく（　　）のに
　　　　　method　　　　　　　　　　　　　　　　　　　　　　　describe

役立つ。②重要な（　　）は，私たちは（　　）を集めることによって科学に関
　　　　　　　　principle　　　　　　evidence

する質問に答えることができるということだ。③科学の方法は，例えば「空はなぜ

青いのか」や「私はどうしたらもっと速く走れるのか」といった質問にあなたを導

く（　　）から始まる。④次に，あなたは（　　）を形成するのに役立つような
　　observation　　　　　　　　　　　　　hypothesis

その（　　）に関する情報を集める。⑤それから，あなたはその（　　）が正し
　　　subject　　　　　　　　　　　　　　　　　　　　hypothesis

ければ何が起こり得るかについての予測を行い，そしてその予測を実験で検証する。

⑥その予測が（　　）と分かったら，その（　　）はおそらく正しいのだ──た
　　　　　　accurate　　　　　　　　hypothesis

だし，必ずしも正しいとは限らない。⑦（　　），その予測が誤っているなら，そ
　　　　　　　　　　　　　　　　　　Similarly

の（　　）もおそらく誤っているのだ。⑧科学者は，その仮説が（　　）と完全
　hypothesis　　　　　　　　　　　　　　　　　　　　　　is proven

に確信するまで実験を繰り返す。

➔ 次に前ページの英文の音声を3回聞き，3回音読しよう。

➔ 以下は前のページで見た文章である。音声を聞きながら空所を埋めよう。

①The scientific method helps us _____ the world around us. ②_____ we can answer questions about science by collecting evidence. ③_____ that leads you to a question, such as, "Why is the sky blue?" or "How can I run faster?" ④Next, you gather information about the subject _____. ⑤Then, _____ what might happen if the hypothesis is correct and then test that prediction with an experiment. ⑥If the prediction _____ _____, then the hypothesis is likely, but not necessarily, correct. ⑦Similarly, if the prediction is wrong, then the hypothesis, too, is likely wrong. ⑧Scientists repeat experiments _____ _____ the hypothesis is proven.

Output 1 | 英語で表現しよう

➔ 次の日本語訳から Warm-up の英文を思い出し, 声に出しながら書いてみよう。

1. 科学は単純な言葉で自然を**記述する**ことに努める。
2. 科学の**原理**とは, 理論は証拠で裏付けられねばならないということだ。
3. 彼女の発見は, 注意深い**観察**に基づいていた。
4. あなたの考えは, 証明されるまでは**仮説**にすぎない。
5. コンピューターの予測は, **正確**であると分かった。

> **思考力チャレンジ** ➔ 次の答えを日本語で言って／書いてみよう。英語で言って／書いてみよう。
>
> ・小さいころ不思議に思っていたことを, 何か1つ思い出してみよう。その疑問の答えを 自分で科学的に導き出すとしたら, あなたはどんな方法で確かめるだろうか。

➔ Output 2 | 英語で表現しよう（171 ページ）

生命・科学

Output 2 | 英語で表現しよう

⊙ 各課で見た表現を使って日本語に合う英文を完成し，声に出して言ってみよう。

TOPIC 28 　動物の知能 [p.158]

1. 今では，知能は人間に**特有な**ものとは考えられていない。

   Now, _____ humans.

2. 私たちは動物の**認知**の研究から多くのこと（a lot）を学べる。

   We can _____ .

3. 鳥は私たちに似た**自己認識**を持っているだろうか。

   Do birds _____ ?

4. オオカミとイヌは同じ**種**ですか。

   Are wolves _____ ?

5. 私たちは，これらの動物には自己認識があると**合理的に**結論することができる。

   We can _____ are self-aware.

TOPIC 29 　宇宙の生い立ち [p.162]

1. **宇宙**はビッグバンで始まったと考えられている。

   It is _____ the Big Bang.

2. その**理論**は，宇宙は膨張していると述べている。

   _____ is expanding.

3. エネルギーと**物質**は初期の宇宙で作り出された。

   _____ the early universe.

4. 原子が集まって，星や**銀河**へと形を変えた。

   Atoms grouped together and _____ .

5. 私たちの体は**分子**で出来上がっている。

   Our body _____ .

科学の方法 [p.166]

1. 私たちは科学的な言葉で自然を**記述する**ことができる。

We _____ terms.

2. 方法は異なるかもしれないが，科学の**原理**は同じだ。

Methods may be different, but _____.

3. 私たちは，**観察**と実験を通じて証拠を集めた。

We collected _____.

4. **仮説**は，証明されたとき理論になる。

A _____ when it is proven.

5. これらの予測は必ずしも**正確**ではない。

These _____.

【解答例】

TOPIC 28 動物の知能

1. Now, intelligence isn't thought to be unique to humans.
2. We can learn a lot from the research on animal cognition.
3. Do birds have self-awareness like ours?
4. Are wolves and dogs the same species?
5. We can reasonably conclude that these animals are self-aware.

TOPIC 29 宇宙の生い立ち

1. It is thought that the universe began with the Big Bang.
2. The theory states that the universe is expanding.
3. Energy and matter were created in the early universe.
4. Atoms grouped together and transformed into stars and galaxies.
5. Our body is made up of molecules.

TOPIC 30 科学の方法

1. We can describe nature in scientific terms.
2. Methods may be different, but the principle of science is the same.
3. We collected evidence through observation(s) and experiment(s).
4. A hypothesis becomes a theory when it is proven.
5. These predictions are not necessarily accurate.

PICK UP

生命・科学

過去の入試で実際に出題されたトピックに触れて，トピック力の幅を広げよう。

◆イヌの視覚　[**上智大学**]

イヌの目は一見，人間と似ているが，₁イヌの視覚的能力は人間より限定的だ。₂限られた色覚しかないため赤と緑が見分けにくい。₃視力は₄どちらかというと遠視なので，近くのものは人間と比べてぼんやりとしか見えない。

1. the dog's visual capacities
2. have limited color vision
3. visual acuity
4. relatively farsighted

◆植物のコミュニケーション　[**お茶の水女子大学**]

₁コミュニケーションの手段として植物は₂においを利用する。ある種の木は動物に食べられると，葉に₃有毒物質を分泌するとともに₄警告ガスを放出する。そのガスを感知した同種の木も有毒物質を分泌して動物の襲来に備える。

1. as a means of communication
2. use scent
3. pumping toxic substances
4. give off a warning gas

◆人類の進化　[**青山学院大学**]

₁科学的な証拠によれば，₂人類の進化は約 600 万年前にアフリカで始まった。人類は類人猿と₃共通の祖先を持っているが，DNA に変異が起こって₄環境の変化に適応する能力を獲得することで種（しゅ）として進化してきた。

1. Scientific evidence shows
2. human evolution
3. share a common ancestor
4. adapt to environmental change

◆火星探査　[九州大学]

> 火星は 1.比較的地球に似ており，将来は人間が住めるかもしれない。1960年の 2.最初の火星への飛行以来，何度も探査が行われているが，3.生命（の存在）の問題を含め謎が多い。4.火星に人間を送り込むことで研究は大きく進むだろう。

1. relatively similar to Earth　　2. our first mission to Mars

3. the question of life　　4. sending humans to Mars

◆科学研究の難しさ　[奈良女子大学]

> 最先端の科学研究では 1.誤りが生じやすい。かすかな信号をノイズと区別するのは難しく，2.答えるべき問題が不明確な場合すらある。そんな状況で，3.時に相矛盾する観察結果から 4.信頼できるデータを特定することは極めて困難なのだ。

1. is susceptible to error　　2. the question to be answered

3. sometimes contradictory observations

4. identifying reliable data

英作文　出題例　まずは日本語でよいので，自分なりの答えを考えてみよう。

1. Some people believe that it is wrong to kill animals. What do you think about this idea?（動物を殺してはいけないという考えについてどう思うか）[東京農工大学]

2. Read the statement below and write a paragraph giving at least two reasons why you agree or disagree with it.

   Space exploration is a waste of money.

   （「宇宙探査はお金の無駄だ」という意見への賛否を，少なくとも2つの理由とともに書きなさい）[早稲田大学]

3. Choose one of the topics below. Why is it important for scientists to increase their understanding of this topic? Explain your reasons in detail.

   1. the human brain　　2. computers　　3. the universe

   （下のテーマから1つ選び，科学者がそのテーマの理解を高めることがなぜ重要なのかを書きなさい。　1. 人間の脳　2. コンピューター　3. 宇宙）[埼玉大学]

TOPIC 01 大学で何を学ぶか [p.10]

1. You can expand your **intellect** through good education.
2. The **liberal arts** are subjects that give students a general education.
3. Students learn skills for specific jobs through **vocational** education.
4. An **educated** person should be able to accept diverse values.
5. She was interested in scientific **disciplines** like chemistry and biology.

TOPIC 02 手書きの重要性 [p.14]

1. I usually use my **laptop** when I take notes in class.
2. To **retain** information, you should write it down by hand.
3. Please **type** your password in the box.
4. It is difficult to **summarize** this article in a few sentences.
5. Handwriting will help with the **comprehension** of the lecture.

TOPIC 03 「確証バイアス」とは [p.18]

1. **Bias** is a belief that makes you treat a person or thing unfairly.
2. We have a **tendency** to see what we want to see.
3. This information **confirms** what many of us already believe.
4. People often favor ideas that **support** their own viewpoints.
5. Even a **rational** person can make mistakes about facts.

TOPIC 04 「偽薬」の効果 [p.26]

1. Doctors conducted a medical **experiment** to test the new drug.
2. A placebo is a kind of fake **medicine** given to patients.
3. This treatment will **relieve** the patient's severe headache.
4. A **symptom** is a change in the body that is a sign of disease.
5. This is a curious **phenomenon** known as the "placebo effect."

TOPIC 05 脳　死 [p.30]

1. Brain death is when the brain stops **functioning** permanently.
2. The injured woman was connected to a **life-support** system.
3. I'm thinking of donating my **organs** after death.
4. The donor's liver was **transplanted** into a 20-year-old man.
5. Cancer is not a **fatal** disease if it is found early.

TOPIC 06 肥満と健康 [p.34]

1. Many young people mistakenly believe they are **overweight**.
2. **Genes** play an important role in health and disease.
3. Obesity and diabetes are examples of **lifestyle diseases**.
4. You should pay attention to **nutrition** when you eat out.
5. Eating a balanced **diet** is healthier than just eating less.

→ 日本語の意味を表す英文を言ってみよう。

---

1. あなたはよい教育を通じて**知性**を広げることができる。
2. **一般教養科目**とは，学生に一般的な教育を与える科目である。
3. 学生は**職業（に関する）**教育を通じて，特定の仕事のためのスキルを身につける。
4. **教養のある**人は，多様な価値観を認めることができるべきだ。
5. 彼女は，化学や生物学のような科学的な**学問分野**に興味があった。

---

1. 私は授業でノートを取るとき，たいてい**ノートパソコン**を使う。
2. 情報を**記憶にとどめる**ためには，手で書きとめる方がよい。
3. 入力欄にあなたのパスワードを**入力**してください。
4. この記事を 2 ～ 3 文で**要約する**のは困難です。
5. 手書きすることは，その講義の**理解**に役立つでしょう。

---

1. **偏見**とは，ある人やものを不公平に扱うようにさせる思い込みのことだ。
2. 私たちには，自分の見たいものが見える**傾向**がある。
3. この情報は，私たちの多くがすでに信じていることを**裏付ける**。
4. 人々はしばしば，自分の見方を**支持する**ような考えを好む。
5. **理性的な**人でさえ，事実について間違いを犯すことがある。

---

1. 医師たちは新しい薬物を試験するために医学的な**実験**を行った。
2. プラセボ［偽薬］とは，患者に与えられる偽の薬の一種だ。
3. この治療法は患者の激しい頭痛を**和らげる**だろう。
4. **症状**とは，病気のしるしである体の変化のことだ。
5. これは「プラセボ効果」として知られる奇妙な**現象**だ。

---

1. 脳死とは，脳が**機能する**のを永久に止めるときのことである。
2. その負傷した女性は**生命維持（の）**装置につながれていた。
3. 私は，死んだ後に**臓器**を提供しようかと考えている。
4. そのドナーの肝臓は，20 歳の男性に**移植**された。
5. がんは，早く見つかれば**致命的な**病気ではない。

---

1. 多くの若者が誤って自分は**太りすぎ**だと思ってしまう。
2. **遺伝子**は健康や病気に関して重要な働きをする。
3. 肥満や糖尿病は**生活習慣病**の例である。
4. 外食するときは，**栄養**に注意を払う方がいい。
5. バランスのよい**食事**を取るのは，単に食べる量を減らすより健康的だ。

キーワードレビュー ⊙ 英文を声に出して読み，意味を言ってみよう。

TOPIC 07 幸福感の効用 [p.42]

1. Happiness is a positive emotion that provides us with many **benefits**.
2. It is said that happiness **boosts** our immune system.
3. Will you be more **productive** when you are happy?
4. Sometimes you need to **sacrifice** something for happiness.
5. The experiment tested the job **performance** of happy people.

TOPIC 08 クリティカルシンキング [p.46]

1. **Critical** thinking allows you to make better judgments.
2. Try to question your **stereotypes** and think objectively.
3. His conclusion was not based on **evidence**.
4. It is important to be able to **distinguish** between facts and opinions.
5. I am willing to accept the **consequences** of my decision.

TOPIC 09 意思決定の方法 [p.50]

1. Deciding which college to attend is a **challenging** question for us.
2. You have two **options**: go to college or get a job.
3. We tried our best, but the **outcome** was not favorable.
4. Life is interesting because it is full of **uncertainty** and possibility.
5. I relied on my **intuition** to decide which way to choose.

TOPIC 10 多言語環境 [p.58]

1. Consider the **context** when you judge someone's behavior.
2. The Japanese word "mizu" **corresponds** to "water" in English.
3. She is a **bilingual** speaker of English and Japanese.
4. Young children are **capable** of understanding others' feelings.
5. Try to look at the problem from a child's **perspective**.

TOPIC 11 言葉は変わる [p.62]

1. Change is **inevitable** because nothing stays the same forever.
2. Language **evolves** to reflect changes in society.
3. Youth slang is an interesting **linguistic** phenomenon.
4. **Conservative** people are critical of language change.
5. You shouldn't **criticize** a new idea just because it isn't traditional.

TOPIC 12 スマイルの意味 [p.66]

1. Body language is a kind of **nonverbal** communication.
2. We often use gestures to **convey** simple messages.
3. Cultures **differ** greatly from country to country.
4. We can **identify** several different kinds of smiles.
5. We usually **interpret** a smile as a sign of joy.

→ 日本語の意味を表す英文を言ってみよう。

---

1. 幸福感は私たちに多くの**利益**を与えてくれる前向きな感情だ。
2. 幸福感は私たちの免疫システム**を高める**といわれている。
3. あなたは幸せなとき，より**生産的**になりますか。
4. 時には幸せのために何かを**犠牲にする**必要がある。
5. その実験は，幸せな人々の仕事の**遂行能力**をテストした。

---

1. **批判的な**思考は，よりよい判断をさせてくれる。
2. 自分の**固定観念**を疑い，客観的に考えるように努めなさい。
3. 彼の結論は**根拠**に基づいていなかった。
4. 事実と意見を**区別する**ことができるのは重要だ。
5. 私は自分で決めたことの**結果**を受け入れるつもりだ。

---

1. どの大学に行くかを決めることは，私たちにとって**困難な**問題だ。
2. あなたには2つの**選択肢**がある。大学へ行くか，就職するかだ。
3. 私たちは最善を尽くしたが，**結果**は良好ではなかった。
4. 人生は，**不確実性**と可能性に満ちているから面白い。
5. どちらの道を選ぶかを決めるのに，私は自分の**直感**に頼った。

---

1. 誰かの行動を評価するときは**前後関係**［**背景**］を考慮に入れなさい。
2. 日本語の単語「水」は，英語の "water" に**相当する**。
3. 彼女は英語と日本語の**2言語を話せる**話者だ。
4. 幼い子どもは他人の感情を理解することが**できる**。
5. その問題を子どもの**視点**から見ようとしてみなさい。

---

1. 何物も永遠に同じままではいないので，変化は**避けられない**ものだ。
2. 言語は，社会の変化を反映して**進化する**。
3. 若者のスラング［**俗語**］は，興味深い**言語の**現象だ。
4. **保守的な**人々は，言語の変化に対して批判的だ。
5. 伝統的でないというだけで，新しい考えを**批判する**べきではない。

---

1. ボディーランゲージは**言葉によらない**［**非言語**］コミュニケーションの一種だ。
2. 私たちは，単純なメッセージを**伝える**ためにしばしば身ぶりを使う。
3. 文化は国によって大きく**異なる**。
4. 私たちはいくつかの異なる種類のほほ笑みを**見分ける**ことができる。
5. 私たちはたいてい，ほほ笑みを喜びのしるしだと**解釈する**。

キーワードレビュー　　⊙ 英文を声に出して読み，意味を言ってみよう。

TOPIC 13 科学技術の発展と労働 [p.76]

1. The First **Industrial Revolution** began in Britain in the 18th century.
2. Technological **innovation** is necessary for industry to develop.
3. Critics say AI and robots will increase **unemployment**.
4. The company needs more workers to **operate** the new machines.
5. A lot of industrial robots are used in **manufacturing**.

TOPIC 14　自動運転のジレンマ [p.80]

1. Self-driving **vehicles** are run by software programs.
2. New technologies have often caused **ethical** problems.
3. A recent **survey** shows that people don't fully trust self-driving cars.
4. There is no **universal** standard of right or wrong.
5. A **dilemma** is a situation in which a difficult choice has to be made.

TOPIC 15　テクノロジーの未来 [p.84]

1. **Genetic** engineering might enable us to wipe out all diseases.
2. The insect has a high ability to **reproduce**.
3. It is too early to **apply** this technology to humans.
4. Do you think AI will achieve **consciousness** someday?
5. A little **caution** is required because this method is risky.

TOPIC 16　世界の貧困問題 [p.92]

1. People in extreme poverty should be given **financial** support.
2. **Developing countries** need help from developed countries.
3. We should provide **humanitarian** aid to people in need.
4. "SDGs" stands for "**Sustainable** Development Goals."
5. We are working hard to **eliminate** poverty from the world.

TOPIC 17　民主主義と選挙権 [p.96]

1. The Universal Declaration of **Human Rights** was adopted in 1948.
2. We take part in the government through **representatives**.
3. I haven't decided yet who to vote for in this **election**.
4. People have the right to vote in **democratic** nations.
5. **Apathy** is one of the reasons voters don't go to the polls.

TOPIC 18　広告の効果 [p.100]

1. Websites are full of **advertisements** trying to sell you something.
2. A **flyer** is a small printed sheet advertising a product or an event.
3. The TV station **produces** good educational programs.
4. Advertisers see children as potential **customers**.
5. TV commercials **stimulate** viewers' desire to buy things.

→ 日本語の意味を表す英文を言ってみよう。

---

1. 第1次**産業革命**は18世紀にイギリスで始まった。
2. 産業が発展するためには科学技術の**（技術）革新**が必要だ。
3. AIとロボットが**失業**を増加させるだろうと批評家は言う。
4. その会社は，新しい機械を**動かす**ための労働者をもっと必要としている。
5. 多くの産業用ロボットが**製造業**で使われている。

---

1. 自動運転の**乗り物**はソフトウェアプログラムによって動かされる。
2. 新しい科学技術は，しばしば**倫理的な**問題を引き起こしてきた。
3. 最近の**調査**は，人々が自動運転車を完全には信頼していないことを明らかにした。
4. よいか悪いかの**普遍的な**基準はない。
5. **ジレンマ**［板挟み］とは，難しい選択が行われなければならない状況のことだ。

---

1. **遺伝子**工学はすべての病気を撲滅することを可能にするかもしれない。
2. その昆虫は高い**繁殖する**能力［繁殖能力］を持っている。
3. このテクノロジーを人間に**応用する**のは早すぎる。
4. AIはいつか**意識**を獲得すると思いますか。
5. この方法は危険を伴うので，少々の**用心**が求められる。

---

1. 極度の貧困状態にある人々は**財政的**［金銭的］な支援を与えられるべきだ。
2. **発展途上国**は先進国からの援助を必要としている。
3. 私たちは困窮している人々に**人道的な**支援を提供すべきだ。
4. SDGsは「**持続可能な開発目標**」という意味を表す。
5. 私たちは世界から貧困を**根絶する**ために熱心に働いている。

---

1. 世界**人権**宣言は1948年に採択された。
2. 私たちは**代表者**を通じて政治に参加する。
3. 私は今回の**選挙**で誰に投票するかをまだ決めていない。
4. **民主主義（の）**国家においては，人々は投票する権利を持っている。
5. **無関心**は，有権者が投票（所）に行かない理由の1つだ。

---

1. ウェブサイトは，あなたに何かを売ろうとする**広告**でいっぱいだ。
2. **ちらし**とは，製品やイベントを宣伝する小さな印刷された紙だ。
3. そのテレビ局は優れた教育番組を**制作する**。
4. 広告主は子どもを潜在的な**顧客**と見なしている。
5. テレビコマーシャルは，物を買いたいという視聴者の欲求を**刺激する**。

| TOPIC 19 | 時間認識の文化差 [p.108]

1. Every culture has a different **perception** of time.
2. She worked hard to meet the **deadline** for the report.
3. Japanese people tend to hate being late for an **appointment**.
4. Japanese trains are known for being **punctual**.
5. These meetings will be considered **wasteful** in America.

| TOPIC 20 | 世界文化遺産 [p.112]

1. The dam construction **threatens** to ruin those old temples.
2. The Great Buddha of Todaiji Temple is a National **Treasure**.
3. The temple was saved thanks to the **donations** from many people.
4. The Atomic Bomb Dome in Hiroshima is a World **Heritage** Site.
5. This museum has a lot of valuable cultural **assets**.

| TOPIC 21 | 書物とデジタル [p.116]

1. The **printing press** made books available to common people.
2. **Civilization** has advanced steadily for thousands of years.
3. The secret of a good life is written in this ancient **document**.
4. The Internet is a convenient tool for information **distribution**.
5. Electronic **media** like digital books are quite popular.

| TOPIC 22 | カワイイ・アニメ・マンガ [p.124]

1. Kawaii has become part of the youth **subculture** worldwide.
2. Pop culture is a major Japanese cultural **export**.
3. These cute **characters** appear in Japanese anime and manga.
4. Movies have helped to **shape** our perception of America.
5. The "**cult** of cute" has a significant influence on world culture.

| TOPIC 23 | 異文化間理解 [p.128]

1. **Cross-cultural** understanding is essential in the global age.
2. Translating devices **facilitate** international interaction.
3. Language is merely one **aspect** of international communication.
4. She is **receptive** to cultural differences between countries.
5. I was too **narrow-minded** to accept their point of view.

| TOPIC 24 | グローバル化の功罪 [p.132]

1. The problems with globalization are mostly **interconnected**.
2. The world is changing at an **unprecedented** pace.
3. Cultural **diversity** gives you different perspectives.
4. It is often said that Japan is a **homogeneous** society.
5. Globalization sometimes causes **conflicts** between countries.

→ 日本語の意味を表す英文を言ってみよう。

---

1. どの文化にも異なる時間の**認識**［捉え方］がある。
2. 彼女は報告書の**締め切り**を守るために懸命に働いた。
3. 日本人は**約束**に遅れることを嫌う傾向がある。
4. 日本の列車は**時間を守る**［**時間に正確な**］ことで知られている。
5. アメリカではこれらの会議は**無駄だ**と見なされるだろう。

---

1. ダム建設はそれらの古い寺院を破壊する**恐れがある**。
2. 東大寺の大仏は国**宝**［国の**宝物**］だ。
3. その寺院は多くの人々からの**寄付金**のおかげで救われた。
4. 広島の原爆ドームは世界**遺産**地だ。
5. この博物館には多くの貴重な文化**財**［文化的**資産**］がある。

---

1. **印刷機**のおかげで本は一般人にも入手可能になった。
2. **文明**は数千年間，着実に進歩してきた。
3. この古代の**文書**にはよい人生の秘けつが書かれている。
4. インターネットは便利な情報**流通**の手段だ。
5. デジタルブックのような電子**媒体**はとても人気がある。

---

1. カワイイは世界中で若者の**サブカルチャー**の一部になっている。
2. 大衆文化は主要な日本の文化的**輸出品**だ。
3. これらのかわいい**キャラクター**は日本のアニメやマンガに登場する。
4. 映画はアメリカに対する私たちの認識を**形作る**のに役立ってきた。
5. 「かわいさへの**崇拝**」は世界の文化にかなりの影響を与えている。

---

1. **異文化間の**理解は，グローバル時代には必要不可欠だ。
2. 翻訳機は国際的な交流を**容易に**する。
3. 言語は，国際コミュニケーションの１つの**側面**にすぎない。
4. 彼女は国々の間の文化の違いに**理解がある**。
5. 私は**偏狭**すぎて，彼らの見方を受け入れることができなかった。

---

1. グローバル化に関する問題は，たいてい**相互に関連した**ものだ。
2. 世界は**空前の**速さで変化している。
3. 文化的な**多様性**は，さまざまなものの見方を与えてくれる。
4. 日本は**均質的な**社会だとよく言われる。
5. グローバル化は，時に国家間の**衝突**を引き起こす。

キーワードレビュー　⊙ 英文を声に出して読み，意味を言ってみよう。

TOPIC 25 世界の水危機 [p.142]

1. Climate change has caused **droughts** and floods.
2. Electricity and water supply are important **infrastructures**.
3. The **impacts** of a water shortage on our economy will be severe.
4. We must somehow change our water **consumption** habits.
5. It is very important to **conserve** natural resources.

TOPIC 26 気候変動 [p.146]

1. **Climate change** is the biggest problem we face today.
2. **Sea levels** around the world are rising.
3. A severe drought increases the risk of **wildfires**.
4. Natural **disasters** include typhoons and earthquakes.
5. What do you think of Japan's **policy** on environmental problems?

TOPIC 27 生物多様性 [p.150]

1. The world's **biodiversity** is being lost due to human activities.
2. Many animal species are in danger of **extinction**.
3. Insects play an important role in the **food chain**.
4. There is a complex and delicate **ecosystem** in the rain forest.
5. Is economic development as important as the **preservation** of the environment?

TOPIC 28 動物の知能 [p.158]

1. Is intelligence **unique** to humans, or do animals have it, too?
2. Many psychologists are doing research on animal **cognition**.
3. Chimpanzees have **self-awareness** somewhat like ours.
4. The African and Indian elephants are different **species**.
5. We can **reasonably** conclude that some animals have intelligence.

TOPIC 29 宇宙の生い立ち [p.162]

1. It is thought that the **universe** began 13.8 billion years ago.
2. The Big Bang is a scientific **theory**, not a fantasy.
3. The universe is made up of energy and **matter**.
4. Clouds of gas formed stars and stars formed **galaxies**.
5. A water **molecule** has two hydrogen atoms and one oxygen atom.

TOPIC 30 科学の方法 [p.166]

1. Science tries to **describe** nature in simple terms.
2. The **principle** of science is that theories must be supported by evidence.
3. Her discovery was based on careful **observation**.
4. Your idea is only a **hypothesis** until it is proven.
5. The computer's prediction was found to be **accurate**.

→ 日本語の意味を表す英文を言ってみよう。

---

1. 気候変動は**干ばつ**と洪水を引き起こしている。
2. 電気と水の供給は，重要な**社会基盤**［**インフラ**］だ。
3. 私たちの経済への水不足の**影響**は深刻になるだろう。
4. 私たちはなんとかして水の**消費**習慣を変えなければならない。
5. 天然資源を**大切に使う**［**保護する**］ことはとても重要だ。

---

1. **気候変動**は，私たちが今日直面している最大の問題だ。
2. 世界中の**海水位**が上昇している。
3. 厳しい干ばつは**森林火災**の危険性を増大させる。
4. 自然**災害**には台風や地震が含まれる。
5. 環境問題に対する日本の**政策**をどう思いますか。

---

1. 世界の**生物多様性**は人間の活動によって失われつつある。
2. 多くの動物種が**絶滅**の危機にある。
3. 昆虫は，**食物連鎖**において重要な役割を果たす。
4. 熱帯雨林には複雑で壊れやすい**生態系**がある。
5. 経済発展は，環境の**保全**と同じくらい重要だろうか。

---

1. 知能は人間に**特有な**のか，それとも動物にも知能があるのか。
2. 多くの心理学者が，動物の**認知**について研究している。
3. チンパンジーは，私たちにいくぶん似た**自己認識**を持っている。
4. アフリカゾウとインドゾウは別の**種（しゅ）**だ。
5. 私たちは，ある動物には知能があると**合理的に**結論づけることができる。

---

1. **宇宙**は138億年前に始まったと考えられている。
2. ビッグバンは科学的な**理論**であり，空想ではない。
3. 宇宙はエネルギーと**物質**で出来上がっている。
4. ガスの雲が星を形成し，星が**銀河**を形成した。
5. 水の**分子**には，2つの水素原子と1つの酸素原子がある。

---

1. 科学は単純な言葉で自然を**記述する**ことに努める。
2. 科学の**原理**とは，理論は証拠で裏付けられねばならないということだ。
3. 彼女の発見は，注意深い**観察**に基づいていた。
4. あなたの考えは，証明されるまでは**仮説**にすぎない。
5. コンピューターの予測は，**正確**であると分かった。